Emmi Pikler / Anna Tardos u. a.

Miteinander
vertraut werden

Wie wir mit Babys und kleinen Kindern
gut umgehen – ein Ratgeber für junge Eltern

Vorwort von Rebeca Wild

W0071530

Herder

Freiburg · Basel · Wien

Gedruckt auf umweltfreundlichem,
chlorfrei gebleichtem Papier

Alle Rechte vorbehalten – Printed in Germany
Gekürzte Lizenzausgabe mit freundlicher Genehmigung des
Arbor Verlags Copyright © 1992 by Arbor Verlag, Freiamt
Veröffentlicht als Herder Taschenbuch, Freiburg 1997
Herstellung: Freiburger Graphische Betriebe 1997
Umschlaggestaltung: Joseph Pölzelbauer
Umschlagmotiv: © by Lóczy
ISBN 3-451-04537-0

Inhalt

Vorwort

Rebeca Wild

Jahr für Jahr kommt eine neue Gruppe von Drei- bis Fünfjährigen zu uns in den Kindergarten des „Pesta", wo wir nun seit mehr als 16 Jahren versuchen, eine Umgebung vorzubereiten, die den inneren Entwicklungsbedürfnissen der Kinder entspricht. Immer wieder haben wir feststellen können, daß sie durch ihre Erfahrungen in einer vorbereiteten, entspannten Umgebung sehr bald in einen heilsamen Prozeß kommen, zu innerer Ausgeglichenheit finden und zunehmend eigenständig werden, während ihre Eltern nur langsam lernen, in die Reifeprozesse ihrer Kinder Vertrauen zu haben und ihre Ängste abzulegen.

Oftmals bedauerten wir es, daß die Eltern für den Umgang mit ihrem Kind in den ersten Lebensjahren offensichtlich nur sehr wenig geeignete Unterstützung gefunden hatten, und wenn sie dann zu uns kamen, um es im Kindergarten einzuschreiben, hatten sich nur wenige die Freude an ihrem Kind und seinem Entwicklungsprozeß bewahrt.

Vor einigen Jahren erhielten wir die ersten Nachrichten vom Lóczy. (Myriam David / Geneviève Appel: „Lóczy". Mütterliche Betreuung ohne Mutter, Cramer-Klett & Zeitler, München 1995) Zum ersten Mal sahen wir konkrete Möglichkeiten, junge Eltern dabei zu unterstützen, die echten Bedürfnisse ihrer Kinder von Anfang an besser wahrzunehmen und angemessener auf sie eingehen zu können. Die Artikel aus Budapest ließen keinen Zweifel: In diesem Säuglingsheim auf der anderen Seite der Welt wurde seit Jahrzehnten die Grundhaltung unserer eigenen Arbeit inmitten schwieriger Umstände praktiziert, und diese Praxis war dort zu einer hohen Kunst im Umgang mit kleinen Kindern gereift.

Im Sommer 1991 bot sich uns die seltene Möglichkeit, im Lóczy persönlich zu erleben, wie solch bewußter Respekt jede – auch die unscheinbarste – Handlung schon im Umgang mit kleinen Kindern durchdringen kann. Bei diesem Besuch beeindruckte mich besonders, welch tiefe Befriedigung jedes der Kinder aus den Minuten der Betreuung gewann, die ihm in voller Ruhe und Zuwendung zuteil wurde. Ich spürte, wie sich die Kinder entspannten, die Pflege genossen, sich der Pflegerin öffneten und soviel Freude aus dem Zusammensein zogen, daß sie daraufhin friedlich den eigenen Körper entdeckten oder mit den Gegenständen der vorbereiteten Umgebung spielten und schließlich auch ohne Schwierigkeiten Schlaf finden konnten. Doch nicht nur das, auch die Pflegerinnen zeigten in ihren Bewegungen, ihrer Stimme und ihrem Gesichtsausdruck Entspannung und Befriedigung, gepaart mit Aufmerksamkeit und Sicherheit – ein Zustand, den ich bisher nur bei wenigen Müttern im Umgang mit ihren eigenen Kindern wahrgenommen habe.

Mit der Zeit wurde mir immer deutlicher, daß die Arbeit im Lóczy viele Aspekte hat – jeder von ihnen voller wichtiger Details und mit weitreichender Bedeutung. Wenn ich aber ratsuchenden Müttern davon zu erzählen versuchte, wehrten sie sich nicht selten dagegen, sich näher damit zu befassen und meinten: „Mir reicht ohnehin nicht die Zeit! Wie sollte ich da noch mehr auf mein Kind eingehen?" Doch im Lóczy wird deutlich, daß es nicht unbedingt darum geht, dem Kind mehr Zeit und Energie zu widmen. Durch eine neue Qualität der Zuwendung spürt es Respekt für seine authentischen menschlichen Bedürfnisse, was dann sehr bald auch dem Zusammenleben und der Beziehung zugute kommt. Viele Streßsituationen, die uns den Umgang mit kleinen Kindern so oft als die aufreibendste Arbeit der Welt erscheinen lassen, bauen sich allmählich ab, so daß das ganze Familienleben deutlich entspannter wird. In unserem Bekanntenkreis können wir gut beobachten, wie hilfreich die Grundprinzipien des Lóczy sein können, auch wenn die unterschiedlichen Umstände in den Familien viel mehr Variablen mit sich bringen, die entsprechend berücksichtigt werden müssen.

Vor allem zwei Elemente, glaube ich, bewirken wahre Wunder: Das eine ist der bewußte Respekt für die senso-motorische Interaktion des Kindes mit seiner Umwelt. Die Erwachsenen achten darauf, seinen Absichten nicht vor- oder dazwischenzugreifen, es nicht zu „fördern", zu dirigieren, ihm zu „helfen", es zu manipulieren – setzen dem Kind auf der anderen Seite jedoch klare Grenzen innerhalb einer für seine jeweiligen Bedürfnisse sorgfältig vorbereiteten Umgebung.

Das andere Element besteht in der Qualität der Beziehung während der Pflege. Auffallend in diesem Zusammenhang fand ich auch, daß sich der Erwachsene die Mühe nimmt, jede Situation, die er zusammen mit dem Kind erlebt, ruhig und präzise zu beschreiben. Dadurch ermöglicht er schon dem Säugling, sich in allen Berührungspunkten mit dem Erwachsenen und dessen Aktivitäten zu orientieren.

Wie schön wäre es, wenn das vorliegende Buch vielen jungen oder zukünftigen Eltern einen Weg öffnen könnte, von Anfang an eine gute Beziehung zu ihren Kindern aufzubauen und sie in ihrem Entwicklungsprozeß zu unterstützen.

Vorwort der Herausgeber

Von einer stillenden Mutter oder Eltern, die mit ihrem kleinen Kind in Einklang sind, kann eine Harmonie, eine stille Freude ausstrahlen, die uns unmittelbar berührt. Es ist noch gar nicht so lange her, daß neugeborene Babys von der Wissenschaft mehr oder weniger als eine Art „Vorstufe zum Menschen" angesehen wurden, die auf einer rein vegetativen Ebene existieren und noch keinerlei Gefühle haben. Dank Frederick Leboyer und anderen hat sich in dieser Hinsicht ein grundlegender und weitreichender Bewußtseinswandel vollzogen. Es wurde erkannt, wie respektlos und technisch die übliche Entbindung in Krankenhäusern meistens ist und wie wesentlich das liebevolle Willkommen des Kindes und eine von Anfang an gute Beziehung zu seiner Mutter – das sogenannte Bonding – für seine harmonische Entfaltung sind. Viele Frauen bezeichneten eine solche „natürliche Geburt" als eine der wichtigsten Erfahrungen ihres Lebens. In diesem Zusammenhang und sogar unabhängig von der Art der Geburt erstarkte bei vielen Müttern auch wieder das Bedürfnis, ihre Kinder zu stillen, was ebenfalls nicht mehr selbstverständlich war. Nicht zuletzt dank der wachsenden Zahl engagierter Hebammen und der Arbeit der La Leche League machen heute immer mehr Mütter die Erfahrung, wie bereichernd das Stillen sein kann und wie hilfreich für eine gute Beziehung zu ihrem Kind.

So schön und wertvoll ein vertrauter und inniger Kontakt von Mutter und Kind auch sein kann, ist er doch nicht immer leicht herzustellen oder gar selbstverständlich. Auch wenn das Stillen eine wesentliche Rolle für eine gute Beziehung spielen kann, gibt es doch zusätzlich viele andere Einflußfaktoren. In den Vorträgen und Seminaren von Anna Tardos und anderen sowie in der Arbeit des Freundeskreises „Mit Kindern wachsen" wurde immer wieder deutlich, wie groß das Bedürfnis nach mehr konkreten Informationen zum respektvollen Umgang mit Säuglingen und auch mit Kleinkindern ist.

Was heißt es eigentlich, über eine möglichst natürliche Geburt hinaus mit einem Säugling achtsam und respektvoll umzugehen? Eine Situation, in der dies naturgegeben Tag für Tag mehrmals ganz konkret wird, ist die Pflege. Immer wieder treten wir zu diesem Anlaß mit dem Kind in Kontakt. Die Art und Weise, wie dies geschieht, ist von grundsätzlicher Bedeutung für unsere Beziehung zu ihm und für seine emotionale und soziale Entwicklung. Durch seine konkreten Erlebnisse in der Umgebung, in der es lebt, lernt das Kind, „wie man miteinander umgeht". Aber wir sind nicht nur Modell für sein späteres soziales Verhalten – die Atmosphäre, in der es aufwächst, spielt auch eine wesentliche Rolle für sein ganzes Lebensgefühl. Sind die Erwachsenen vor allem von Unruhe, Ungeduld und Unachtsamkeit geprägt, oder strahlen sie Ruhe, Mitgefühl und Einfühlsamkeit aus? Ist die Umgebung eher unberechenbar? Und wird das Kind wie ein Objekt behandelt, als ob es nicht empfinden könnte, was mit ihm geschieht, oder fühlt es sich willkommen geheißen und respektiert? Ist es eine Freude für seine Eltern und keine Last? Und sind seine Eltern wirklich für es da?

Bisher sind in deutscher Sprache nur zwei Bücher von Emmi Pikler erschienen, die beide vor allem die freie Bewegungsentwicklung des Säuglings und das freie Spiel in den Mittelpunkt stellen. Beeindruckend waren dabei für viele Leser vor allem die Selbständigkeit und Geschicklichkeit der Kinder, die sich ganz nach ihrem eigenen inneren Rhythmus und in ihrer Zeit hatten entfalten können. Doch eine solche Ausgeglichenheit können die Kinder nur dann entwickeln, wenn sie sich der Zuwendung und Liebe ihrer Eltern oder Betreuerin gewiß sind. Nur wenn sie „satt" sind an Kontakt, haben sie die innere Sicherheit, sich der Welt zuzuwenden und sie zu erkunden.

So entstand die Idee zu diesem Buch, in dem es um die Qualität des Zusammenseins geht – und dies vor allem während der Pflege. Dabei steht diese nicht als hygienische Technik, sondern als immer wiederkehrende Situation im Mittelpunkt, in der der Erwachsene mit dem Kind in Beziehung tritt. Wendet er sich dem Kind dabei achtsam und respektvoll zu, entsteht ein Raum, in dem sich schon der Säugling äußern und die Situation beeinflussen kann. Anhand der verschiedenen Beiträge und des reichen Bildmaterials möchten wir etwas von dem großen Erfahrungsschatz des Lóczy einer breiteren Öffentlichkeit zugänglich machen und aufzeigen, wie reich das Miteinander von Erwachsenem und Kind sein kann sowie wesentliche Elemente ins Bewußtsein rufen, die häufig übersehen werden, aber eine große Hilfe sein können, schon zum Säugling eine enge und vertraute Beziehung aufzubauen.

Wir hoffen, daß das hier Geschriebene nicht als Vorschrift oder Gebrauchsanweisung empfunden wird und sich so zwischen Mutter und Kind stellt. So möchten wir auch dazu ermutigen, alles beiseite zu lassen, was dem eigenen Inneren vielleicht widerstrebt und sich und dem Kind Zeit zu lassen, in neue Verhaltensweisen hineinzuwachsen. Vielleicht möchten Sie nur mit einer Kleinigkeit anfangen, etwas ausprobieren und sehen, wie es sich auswirkt. Wenn Sie sich dem Kind immer wieder bewußt zuwenden, kann auch das Vertrauen wachsen, daß sich aus diesem Kontakt mit der Zeit zeigen wird, was es braucht. Diese innere Zuwendung und genaue Beobachtung waren es auch, die Emmi Pikler von Anfang an begleiteten und sie ihre Arbeit entwickeln ließen – zunächst als Kinderärztin, als sie jungen Eltern beratend zur Seite stand, später dann im Säuglingsheim.

So wurde ihre Arbeit in der Familie geboren und fand nach der Aufbauphase des Lóczy allgemeine Anerkennung und Verbreitung in anderen Heimen und in Krippen, wo sie mancherorts eine „Revolution" auslöste. Es schien ein Wunder zu sein, daß sich auch in einem Heim gesunde strahlende Kinder entwickeln konnten, und ihre Arbeit wurde über Ungarn hinaus vor allem in Italien, Frankreich, Spanien und den USA bekannt.

Erst in den letzten Jahren begannen sich zunehmend wieder Eltern für die Grundprinzipien dieses Ansatzes zu interessieren, und das Bedürfnis, mehr über diese Art des liebevollen und partnerschaftlichen Umgangs mit Säuglingen und Kleinkindern zu erfahren, ist seither enorm gewachsen.

Wir hoffen, diesem Bedürfnis mit den Beiträgen und Bildern in diesem Buch entsprochen zu haben. Da Artikel von verschiedenen Autorinnen und aus unterschiedlichen Blickwinkeln zusammengestellt wurden, waren manche Wiederholungen unvermeidlich, die uns jedoch als sinnvoll erschienen, so daß jedes Kapitel in sich abgerundet ist und auch für sich gelesen werden kann.

Abschließend möchten wir uns bei allen bedanken, die auf verschiedenste Weise an der Entstehung dieses Buches beteiligt waren, und hoffen, daß es dazu beitragen kann, die Pflegesituation als Quelle der gemeinsamen Freude zu entdecken und die Kinder liebevoll und achtsam in ihrem Entwicklungsprozeß zu begleiten.

Lienhard & Laura Valentin

Einige Gedanken zu Sitten und Bräuchen in der Säuglingserziehung und zum elterlichen Verhalten

Emmi Pikler

Aus meiner Tätigkeit als Kinderärztin heraus, die ich über zehn Jahre lang vor allem als Hausärztin ausübte, entwickelte sich ein nicht nur damals neuartiger und sicher ungewöhnlicher Ansatz, der später zur wesentlichen Grundlage der Arbeit im Säuglingsheim werden sollte.

Nun möchte ich hier aber nicht von diesem in der Familie entwickelten und im Lóczy einer strengen Probe unterzogenen Ansatz berichten, sondern Gedanken mitteilen, die mir aufgrund von Erlebnissen bei einer Reise im Sommer 1981 in die Vereinigten Staaten und nach Deutschland gekommen sind.

Die intensive Beschäftigung mit der Erziehung von Säuglingen und Kleinkindern und das Interesse für ihre psychosomatische Entwicklung konnte nur in unserem Jahrhundert so allgemein aktuell werden. Mit den besseren Lebensaussichten der Säuglinge wuchs das Interesse, sich nicht nur mit ihrer physischen, sondern auch verstärkt mit ihrer psychischen Entwicklung zu beschäftigen.

Das Wissen darum, daß die Säuglingszeit nicht nur eine wichtige Grundlage für die körperliche, sondern auch für die Persönlichkeitsentwicklung ist, nahm allgemein zu. Das brachte es mit sich, daß es nun nicht mehr gleichgültig schien, wie man gerade in diesem Alter mit dem Kind umging. Immer größer wurde der Kreis derer, die diesbezügliche Forschungen unternahmen, und in immer größerem Ausmaß wurden die Anlagen und Fähigkeiten, die die Kinder schon von Geburt an mitbringen, erkannt und anerkannt.

Mehr und mehr Psychologen und eine Reihe von Kinderärzten begannen sich mit diesem Themenkreis zu beschäftigen. Sie kamen zu neuen Erkenntnissen, die sie natürlich auch so bald wie möglich in die Praxis umsetzen wollten. Im Zuge dessen erschien eine ganze Reihe populärwissenschaftlicher Bücher und ratgebender Artikel. Man hielt den Müttern Vorträge und gab ihnen Kurse über zeitgemäße Säuglingserziehung. Das Resultat war nur nicht wie erwartet. Oft schien es so, daß die Mütter um so unsicherer wurden, je mehr Bücher sie lasen und je mehr Ratschläge sie bekamen. Auch zeigten sich im Laufe der Jahre unter anderem recht ernste Schwierigkeiten in der Mutter-Kind-Beziehung.

So tauchte die Frage auf, ob nicht vielleicht die vielen Ratschläge und die genaue Anleitung das natürliche, instinktive Verhältnis der Mütter zu ihren Säuglingen störe. Man vermutete sogar, daß sie zum Entstehen der erwünschten Mutter-Kind-Beziehung nicht beitrugen, sondern eher schadeten.

Ein weltbekannter Repräsentant dieser Gedanken ist Dr. Benjamin Spock, der sein Buch für Mütter in diesem Sinne geschrieben hat. In diesem Buch ist Dr. Spock außerordentlich freilassend. Fast alles an menschlichen Äußerungen findet er annehmbar, alle Ratschläge gibt er bedingt, alles darf man auch anders tun, als er es rät. Damit wollte er bewußt erreichen, daß die Mutter ungestört von äußeren Einflüssen, ihrem Instinkt folgend, mit ihrem Kind so umgehen, wie es für sie „natürlich" sei. Er hoffte, daß die Mütter dadurch sicherer, ruhiger und ausgeglichener sein würden und sich auf diese Weise ein friedliches Zusammenleben und ein langfristig guter Kontakt zwischen Mutter und Kind bzw. zwischen Eltern und Kind leichter ausbilden würde.

Das Buch von Dr. Spock war zunächst ein großer Erfolg. Es verbreitete sich fast als tonangebendes Buch nicht nur in den Vereinigten Staaten, sondern – in zahlreiche Sprachen übersetzt – in vielen Teilen der Welt. Endlich – so dachte man – könnte der mütterliche Instinkt befreit werden. Die Mutter kann es so machen und kann es anders machen, natürlich innerhalb gewisser vernünftiger Grenzen, wie es ihr als Mutter richtig erscheint.

Wiederum nach etlichen Jahren bemerkte man, daß auch die an dieses Buch geknüpften Erwartungen sich nicht so recht erfüllten. Im Laufe der Zeit wurden die Eltern noch unsicherer. Die Schwierigkeiten mit ihren Kindern vermehrten sich, und während sie aufwuchsen, ergaben sich immer weitere und neue Probleme. Davon sprach man schon 1972, als ich in den Vereinigten Staaten war. Als Dr. Spock 1976 nach Budapest kam, bemerkte er mir gegenüber, daß er sein Buch aufgrund dieser Erfahrungen umzuschreiben versuche.

Vielleicht als ein Resultat dieser Erfolglosigkeit verbreitete sich, von den Vereinigten Staaten ausgehend, nun auch in Europa der Gedanke, daß die zivilisierte Mutter ihre „Instinkt-Sicherheit" verloren habe. Auf sich selbst angewiesen, würde sie unsicher.

Zu dieser Zeit begannen einzelne Forscher die Verhaltensweisen von Müttern, die innerhalb verschiedener Naturvölker unter urzeitlichen Verhältnissen leben, zu beobachten. In ihren Verhaltensweisen hofften und glaubten sie die mütterlichen Instinkte voll entfaltet zu finden. Einige von ihnen verbrachten längere Zeit unter den von der Welt abgeschlossenen, in den Bergen oder mitten im Urwald und nach uralten Bräuchen lebenden Stämmen, um so ihr Leben und ihre Sitten authentisch und gründlich erforschen zu können. Es fiel ihnen auf, daß in diesen Stämmen Ruhe und Sicherheit typische Merkmale im Umgang mit den Säuglingen sind. Auch sind die Säuglinge ruhig und weinen wenig, und die Kinder haben später keine Schwierigkeiten, sich in die Stammesgesellschaft einzugliedern, ganz im Gegensatz zu den USA und einigen anderen zivilisierten Ländern, wo solche Schwierigkeiten, sich in die Gesellschaft einzugliedern, ständig zunehmen.

Daraus folgerten viele, daß man gegen die „Entfremdung" vorgehen und den Grundstein zu einer dauerhafteren, engeren, menschlicheren Beziehung legen müsse, indem man diese uralten, der Natur näheren Bräuche der Säuglingspflege und des Familienlebens in die zivilisierte Gesellschaft überträgt.

Dazu möchte ich zwei Beispiele erwähnen, von denen sich ein jedes im täglichen Leben in den Vereinigten Staaten wie ein Lauffeuer verbreitet hat.

Es ist bekannt, daß in zahlreichen Naturvölkern die Mütter ihre Säuglinge in Tüchern auf dem Rücken, auf der Hüfte, Schulter oder um den Hals gebunden herumtragen, während sie ihrer Arbeit nachgehen. Jane Liedloff schreibt, daß sie das auch dann tun, wenn sie tanzen oder sich unterhalten. Im allgemeinen tragen sie ihre Säuglinge solange im Tuch, bis diese sich selbst auf der Erde fortbewegen können. Als Folge dieser Beobachtungen verbreitete sich in den Vereinigten Staaten die Auffassung, daß es besser sei, wenn die Mütter ihre Säuglinge häufiger und länger auf dem Arm trügen. Wo immer sie hingingen, sollten sie ihre Säuglinge im Tragetuch mitnehmen. Diese Anschauung verbreitete sich dann auch rasch in Europa.

Ein weiterer, uralter Brauch der Mütter verschiedener Naturvölker ist es auch, daß sie dem Säugling, den sie ja immer mit sich herumtragen, sobald er weint, ihre Brust reichen, um ihn zu beruhigen. Teilweise wohl aufgrund dieser Berichte verbreitet sich heute auch in den Vereinigten Staaten die Sitte, daß man dem Säugling, sobald er zu weinen anfängt, die Brust gibt. Er wird Tag und Nacht gestillt, auch noch nach dem ersten Lebensjahr. Wenn er nicht gestillt wird oder das Kind schon entwöhnt ist, steht immer ein Fläschchen mit Milch bereit; am Anfang steckt es die Mutter dem weinenden Kind in den Mund, später greift das Kind selber nach dem Fläschchen.

Man interessiert sich nicht dafür, warum das Kind weint, ob es hungrig ist oder ob ihm etwas anderes fehlt, selbst dann nicht, wenn das Kind schon sprechen kann. Wenn es unruhig wird und weint, gibt man ihm einfach immer zu trinken – das Fläschchen steht Tag und Nacht zu seiner Beruhigung bereit.

Diese Vorgehensweise ist nicht mit einer Form des Selfdemand-Systems zu verwechseln. Im Selfdemand-System füttert man die Säuglinge nicht nach einem Zeitplan, sondern versucht, sie ihren Bedürfnissen gemäß zu füttern, d. h. dann, wenn sie hungrig sind und zu essen wünschen.

Davon ausgehend, daß das bei verschiedenen Naturvölkern beobachtete mütterliche Verhalten eine Äußerung des mütterlichen Urinstinktes sei, hat man also versucht, dieses Verhalten auch der modernen Mutter nahezulegen.

Bei diesen Naturvölkern ist jede Mutter selbstsicher, schaut ruhig ihrer Entbindung entgegen, folgt den dort üblichen Entbindungsgewohnheiten und der Art, wie man mit Säuglingen umgeht. Das ist für sie das Natürliche. Sie hat keine Probleme damit, wann sie ihr Kind stillen, wie sie mit ihrem Kind umgehen, wann und wie sie es herumtragen soll, wie sie sich ihm gegenüber verhalten soll, wenn es sich schon freier bewegt; wie, wann und was sie die Kinder lehren – und wie sie sie in das Leben der Erwachsenen einführen soll. Sie empfindet es so als richtig, wie sie es tut; für sie ist dies natürlich, „so muß man es machen", „so ist der Brauch". Dies mitzuerleben, kann ohne Zweifel eine überwältigende Erfahrung sein.

So stellt sich nur die Frage, ob diese Mütter, die man nun als Vorbild nehmen wollte, die selber fast noch in einer Urgemeinschaft leben, tatsächlich ihrem mütterlichen Urinstinkt folgen und daher ihre Kinder so ausgeglichen, friedlich und sicher aufwachsen? Genauer formuliert: Wie bildet sich innerhalb der einzelnen Stämme solch eine einheitliche Form des Verhaltens aus?

Die Antwort auf diese Frage ist schon lange bekannt. Die Umweltbedingungen und die gesellschaftlichen Verhältnisse innerhalb des Stammes bestimmen die menschlichen und auch die mütterlichen Verhaltensweisen. Sie bilden sich im Laufe von Jahrhunderten aus und werden zu unabänderlichen Traditionen, die streng eingehalten werden müssen. Das haben bereits verschiedene Soziologen und Anthropologen im Detail aufgedeckt und beschrieben. Diese Traditionen sind außerordentlich stabil, denn die Lebensweise der Stämme hat sich im Laufe der Jahrhunderte kaum verändert. Alle Stammesmitglieder lebten so und gaben ihren Kindern eine solche Erziehung, so daß die alten Bräuche am Leben blieben. Die Traditionen werden von den Alten des Stammes bewahrt, aber nicht sie sind die oberste Instanz, sondern die verschiedenen Götter und Geister, die im Guten und Bösen, mit Segen und

Verderben das Leben der Säuglinge und der anderen Menschen beeinflussen. Dementsprechend gibt es genaue und detaillierte Vorstellungen darüber, was man wann und wie zu tun hat. So wird zum Beispiel bei den Zinacanteco-Indianern jedes Neugeborene für ungefähr eine halbe Stunde nackt auf den Rand der Feuerstätte gelegt, mit einem Tuch unter seinem Rücken, und während dieser Zeit werden rituelle Lieder gesungen, um es vor Geistern zu beschützen. Dann werden sein Kopf und sein Gesicht bedeckt, damit der böse Blick schlimmer Geister es nicht erreicht. Es wird dann einen Monat lang in den Armen der Mutter getragen. Wenn sie ruht, wird der Säugling eingewickelt neben ihr auf den Rücken gelegt. Später trägt die Mutter den Säugling in einem Tuch, dem „Reboso", an ihren Körper gebunden mit sich. Das Gesicht des Säuglings wird drei Monate lang bedeckt. Auch später bestimmen in allen Einzelheiten vorgeschriebene Bräuche, wie mit den Kindern, bis sie erwachsen sind, umgegangen wird.

Das Einhalten dieser Tradition verläuft im allgemeinen unproblematisch, denn die Mütter, die Väter, jeder Mann, jede Frau in diesem Stamm wurden auf diese Weise erzogen. An wen auch immer sich die Mutter wendet, bekommt sie dieselben Ratschläge, und an wen immer sich das Kind wendet, ist es demselben Einfluß ausgesetzt. Dadurch gliedert sich das Kind im Laufe seiner Entwicklung ohne größere Erschütterungen in die Gesellschaft des Stammes ein.

In solchen Stämmen spricht uns die Sicherheit des mütterlichen Verhaltens und die Friedlichkeit der Säuglinge an. Wenn wir uns allerdings die Bräuche verschiedener Stämme näher anschauen, werden wir feststellen, daß das mütterliche Verhalten sehr voneinander abweicht. Was in einem der Stämme von den Müttern als „natürlich" und als richtig empfunden wird und wonach sie handeln, empfinden Mütter eines anderen Stammes gar nicht als richtig. Eine Erklärung mag darin zu finden sein, daß verschiedene Stämme ihre Kinder zu verschiedenen Verhaltensweisen erziehen wollen. Es gibt z. B. im Gegensatz zu dem beschriebenen Indianerstamm, bei dem zwischen den Menschen Friede herrscht und sie einander und auch anderen ähnlichen Stammesgemeinschaften helfen, andere Stämme wie die Mundugumoren in Neu-Guinea, von denen beschrieben wurde, daß ein jeder des anderen Feind sei. Da mißtrauen die Eltern sogar ihren eigenen Kindern. Es ist klar, daß sie auch in der Kindererziehung anders vorgehen werden. Es bleibt also festzustellen, daß verschiedene Stämme sich in ihren Erziehungsbräuchen durchaus unterscheiden.

Es gibt Stämme, in denen die Kinder sich reibungslos ohne Erschütterung in die Stammesgemeinschaft einfügen. Aber es gibt auch Stämme wie z. B. in Uganda, wo der strikte Brauch herrscht, daß eine Mutter ihr Kind im Alter von vier Jahren vollständig und ohne Vorwarnung preisgibt und sich selbst überläßt. Man schickt es dann gewöhnlich zu Verwandten in ein anderes Dorf oder zu Nachbarn, damit es dort weitererzogen wird. Die Eingliederung dieser Kinder in ihre Gesellschaft geht also nicht reibungslos vor sich. Man beschreibt, daß bei dieser Trennung von der Mutter ein Teil der Kinder sogar zugrunde geht. Und doch empfinden die Erwachsenen, daß man so vorgehen müsse.

Einerseits gibt es Stämme, in denen die Mütter geduldig und aufopferungsvoll ihre Säuglinge pflegen. Andererseits gibt es aber auch solche Stämme wie z. B. die Samoa in Polynesien, in denen die Mütter sich nach der Geburt ihrer Säuglinge nicht viel um sie kümmern, obwohl sie, solange sie sie stillen, mit ihnen zusammen schlafen. Sie überlassen schon das Kleinkind den sechs- bis siebenjährigen Geschwistern. Die Mutter kontrolliert auch nicht, wie sie mit dem Säugling umgehen. Interessant ist, daß in diesem Stamm die Säuglinge viel in den Hütten auf dem Boden herumkriechen und -krabbeln. Solange wie möglich lassen sie nicht zu, daß die Kinder sich aufstellen. Bis zum vierten Lebensjahr dürfen sie mit Erwachsenen nicht stehend sprechen.

Allein schon die Erfahrungen von Roheim lassen uns stark bezweifeln, ob wir einem sogenannten natürlichen, mütterlichen Instinkt wirklich vertrauen können. Roheim fand in den dreißiger Jahren einen im übrigen friedlichen Stamm, in dem die Mütter jedes zweite, neugeborene Kind aufaßen. Ebenso gibt es Stämme, in denen man das unerwünschte neugeborene Mädchen umbringt. Man tötet das Neugeborene auch dann, wenn Unstimmigkeit zwischen den Eltern herrscht.

Der Zusammenhang zwischen den Lebensbedingungen und Erziehungsbräuchen bei Säuglingen ist deutlich. Der Brauch, die Säuglinge immer zu tragen, wird z. B. aus den Umständen verständlich, unter denen solche Stämme leben, die keine Hütten bauen, denn der Steppen- oder Waldboden ist kein geeigneter Platz, um einen Säugling gefahrlos hinzulegen. Das passive Verhalten und die mangelnde Eigeninitiative, die bei den – dem Tragealter entwachsenen – Kleinkindern auffällt, beschreibt Brazelton von den Kindern der in Südmexiko lebenden Indianerstämme. Offensichtlich ist dieses Verhalten auch wünschenswert, damit die alte Stammesordnung jahrhundertelang unverändert erhalten bleibt und sich fortsetzt. Diese Bräuche reproduzieren immer aufs neue die für ihre jeweilige Gesellschaftsordnung nötigen Menschen.

Obwohl dies nur herausgegriffene Beispiele sind, geht aus ihnen doch deutlich hervor, daß hier nicht vom sogenannten natürlichen, mütterlichen Instinkt oder Verhalten die Rede ist, sondern von traditionellen Verhaltensweisen und Gebräuchen.

Nun können wir uns die Frage stellen, ob es sinnvoll ist, unseren unsicher gewordenen Müttern zu helfen, indem wir ihnen Verhaltensweisen – die sich unter anderen gesellschaftlichen Verhältnissen ausgebildet und bewährt haben – empfehlen. Und ich meine, diese Frage wäre selbst dann berechtigt, wenn wir echte Erscheinungen des mütterlichen Instinktes übertragen wollten.

Wie wir gesehen haben, ist diese Natürlichkeit und Sicherheit, die auch wir erreichen möchten, die Folge einer einheitlichen, sich kaum ändernden, traditionswahrenden, sich selbst reproduzierenden Gesellschaftsordnung, die sich außerordentlich langsam entwickelt. In unserer sich schnell verändernden vielseitigen Welt gibt es keine Stabilität dieser Art. Wir müssen zur Kenntnis nehmen, daß es unter unseren Verhältnissen, in denen es keine einheitlichen Bräuche der Säuglingserziehung gibt, in dem die schnelle Entwicklung unserer Kenntnisse den Anspruch zur Änderung der schon entstandenen ausgebildeten Bräuche mit sich bringt, viel schwerer ist, Mutter zu sein und sein Kind entsprechend zu erziehen, als unter den sich nicht oder kaum verändernden Verhältnissen der Naturvölker.

Unter anderem entstehen gerade daraus die Schwierigkeiten der modernen Mütter und dies besonders nach der Auflösung der Großfamilien. Von diesem Gesichtspunkt aus kann ich nicht genug betonen, wieviel leichter eine Mutter es hat, die in einer Gesellschaft lebt, wo jahrhundertelang jeder der gleichen Erziehungstradition folgt und man dies nicht als Einschränkung, sondern als „natürlich" betrachtet, wie detailliert auch immer vorgeschrieben wird, was, wann und wie man etwas zu tun hat.

In Ermangelung einer einheitlichen, stabilen Tradition sind unsere Mütter unsicher. Sie benötigen Hilfe; sie suchen nach zeitgemäßen Pflege- und Erziehungsmethoden und begrüßen darum wahrscheinlich oftmals alles, was sie als neu und modern empfinden und was relativ leicht zu verwirklichen ist.

In diesem Zusammenhang sind wir aber durchaus neuen Gefahren ausgesetzt. Den kranken Menschen, das kranke Kind schützen strenge Vorschriften vor der unverantwortlichen Einführung neuer Medikamente. Den gesunden Säugling schützt aber nichts davor, daß an ihm ohne Kontrolle und ohne die nötige Vorsicht Verfahren – entweder nach altem Muster oder nach neuen Erkenntnissen – durchgeführt werden. Dabei wird häufig außer acht gelassen, wie sich das Unerprobte, neu Eingeführte auf die Lebensweise des Kindes und auf seine spätere Entwicklung auswirken wird.

Die verbreiteten Ratschläge, auf denen einige Erziehungsmoden für Säuglinge beruhen, sei es, daß sie Urmustern oder neuen Erkenntnissen folgen – was oft miteinander verflochten ist –, sind in vielen Fällen nicht fundiert.

Bei näherer Untersuchung dieser sich in den letzten Jahren verbreitenden Erziehungsmethoden scheint eine gewisse Auswahl stattzufinden. Es scheint, daß sich in erster Linie jene Verhaltensweisen schnell verbreiten, die leicht durchzuführen und durch das Übernehmen einer Teilaktion auch schon beendet sind. Man fühlt sich dadurch „up to date" und hat das Gefühl, den modernsten Erziehungsmethoden zu folgen.

Mit einigen Beispielen möchte ich illustrieren, was ich behauptet habe. Sehr schnell verbreitete sich in den Vereinigten Staaten, in Deutschland und auch bei uns in Ungarn der Brauch, daß die Mütter ihre Säuglinge möglichst den ganzen Tag mit sich herumtragen. Eng an den Körper der Mutter geschmiegt, soll der Säugling angeblich ruhiger sein und weniger weinen. Da schon allgemein bekannte Versuche gezeigt haben, daß die Neugeborenen vertikal gehalten aktiver auf ihre Umgebung reagieren als in horizontaler Lage, bildete sich der Brauch aus, daß man die Kinder, um ihre intellektuelle Entwicklung zu fördern, möglichst vertikal trägt.

Da man das Kind nicht den ganzen Tag auf dem Arm tragen kann, fertigte man solche Tücher und Tragevorrichtungen an, in denen das Kind vertikal getragen werden kann. Man konstruierte auch Sitzgelegenheiten, in denen man das Kind in sitzender Stellung fixieren kann, um es so an der Seite oder auf dem Rücken tragen zu können. Allerdings können sich die Kinder darin nicht mehr an den Körper des Tragenden anschmiegen.

In den Vereinigten Staaten und in Deutschland hatte ich häufig die Gelegenheit, Müttern zu begegnen, die ihre Säuglinge im Alter von wenigen Wochen vertikal an sich gebunden mit sich trugen. Die Ironie der Situation ist, daß der vertikal getragene Säugling sehr oft nicht aus diesen Tragevorrichtungen heraussieht. Man hält ihn in der Vertikalen, damit er auf die Außenwelt wacher reagieren kann, schließt ihn aber gleichzeitig von ihr aus. Zum Beispiel saß eine junge Frau in Deutschland in einem meiner Vorträge, die einen gestrickten Sack um den Hals trug. Erst als ein Weinen zu hören war, erwies sich, daß sie darin ihren erst einige Wochen alten Säugling trug. Bei einer anderen Gelegenheit traf ich Eltern, die eine Mütze für ihren Säugling kauften. Als sie ihm die Mütze anprobieren wollten, mußten sie den geschlossenen Sack, in dem sich das Kind befand, erst öffnen.

Dem oberflächlichen Betrachter erscheint es, als ob auf diese Weise das Leben des Säuglings und auch das der Mutter friedlicher wäre. Das täuscht aber leider. Bei verschiedenen Konferenzen in Kalifornien wendeten sich viele Mütter mit der Frage an mich, was sie tun sollten, damit sie ihren Säugling nicht nächtelang schon vom frühesten Alter an herumtragen müßten. Sobald sie ihn ins Bett legten, würde er zu weinen beginnen. Selbst wenn sie ihn vorher auf ihrem Arm einschlafen ließen, würde er nach wenigen Minuten anfangen zu weinen und solange schreien, bis sie ihn wieder aufnahmen. Ich wußte ihnen in dem Moment nicht zu helfen, da ich während meiner vieljährigen Praxis als Kinderärztin diese Erfahrung nicht hatte. Bei gut versorgten, gesunden Säuglingen kam dies nur ganz selten vor, selbst wenn sie tagsüber viel herumgetragen wurden. Diese Säuglinge wurden aber zur Beruhigung in horizontaler Lage auf dem Arm getragen. Jene verzweifelten Eltern aber haben ihre Säuglinge von Geburt an tagsüber und tagelang vertikal getragen. So wurde ihrem Kind die senkrechte Lage zur Gewohnheit, sei sie auch noch so unbequem. Die waagerechte Lage, an die sich der Säugling infolge ständigen vertikalen Getragenwerdens nicht hatte gewöhnen können, ist ihm folglich fremd und gibt ihm keine Sicherheit. Sobald er sich im Schlaf ein wenig bewegt oder sein Schlaf oberflächlicher wird, wacht er auf und beginnt zu weinen. Dann nimmt man ihn auf und er kommt nicht nur auf den Arm, sondern wird wieder senkrecht getragen, und dies nicht nur tagsüber, sondern auch nachts.

In den vertikalen Tragevorrichtungen ist der Säugling und besonders das Neugeborene nicht nur in einer unbequemen Lage, sie werden nicht nur in einer gekrümmten Körperhaltung zur Unbeweglichkeit verdammt, sondern sie werden gleichzeitig auch an diese unphysiologische, zur Passivität zwingende Lage gewöhnt. Wenn sie nun, auf den Rücken gelegt, eigentlich die Gelegenheit bekommen, sich zu dehnen,

zu strecken und zu räkeln, um ihren Körper wirklich auszuruhen und sich auch bewegen zu können, fühlen sie sich in
dieser Lage nicht wohl.

Ein heute weit verbreitetes Argument dafür, daß die Mutter ihr Kind so viel wie möglich bei sich am Körper tragen soll,
ist auch, daß sich auf diese Weise beide zusammen bewegen,
während sie arbeitet, tanzt usw. Dadurch würde der Säugling
lernen, sich geschickt und schön zu bewegen. Diese Argu-
mentation berücksichtigt aber nicht die grundlegenden Forschungen, die bewiesen haben, daß sich das Kind aufgrund
passiver Lageveränderungen nicht aktiv bewegen lernt. Die
Rückmeldung ist eine andere als bei der aus eigener Initiative
ausgeführten, aktiven Bewegung. Bei passiver Bewegung lernt
das Kind höchstens, sich mit Hilfe von Reflexen zu adaptieren
als Antwort auf äußere Wirkungen. Aber das ist es ja nicht,
was der Säugling in erster Linie erlernen muß.

Ich denke, es wäre besser, dem Säugling das ihm entsprechende Bewegungsfeld zu sichern, statt ihn in Tüchern oder
ähnlichem herumzutragen. In den Urwäldern kann man den
Säugling wirklich nur dann auf den Boden lassen, wenn er sich
gut fortbewegen kann. Später haben diese Kinder aber auch
reichlich Gelegenheit, sich den ganzen Tag über frei zu bewegen. Das Gelände, das ihnen dafür zur Verfügung steht, ist mit
seinen ganzen Unebenheiten, Baumwurzeln und Sträuchern
sehr gut zur Korrektur der Bewegungen geeignet.

Wir aber können unseren Säuglingen von Geburt an eine si-
chere, ruhige Liegestätte bieten, ein Bett, dann einen Platz
zum Spielen. Später jedoch sind ihre Bewegungsmöglichkeiten allgemein begrenzter als bei den Naturvölkern. Somit haben sie auch weit weniger Möglichkeit, ihre Bewegungen zu
korrigieren.

Ein weiteres und häufig wiederkehrendes Argument dafür,
daß man das Kind in verschiedenen Hilfsmitteln nah am Körper tragen sollte, ist, daß man damit für die Ausbildung eines
guten Kontaktes sorgt. Ich empfehle hierzu, sich auf den
Straßen, in den öffentlichen Verkehrsmitteln oder Waren-
häusern anzusehen, was für ein „Kontakt" es ist, den die Mut-

ter im allgemeinen hierbei mit dem Säugling hat, den sie auf diese Weise bei sich trägt. Sogar auf den Reklamefotos der Utensilien, in denen man die Kinder herumträgt, ist in dieser Hinsicht meist nur Negatives zu sehen.

Man empfiehlt das Herumtragen auch, weil das Kind auf diese Weise nicht an einen Platz gebunden sei und mehr Stimulation bekomme. Es ist fast schon zur Banalität geworden, daß sich ein Säugling in einer reizarmen Umgebung nicht entsprechend entwickelt. Um eine gute Entwicklung zu erreichen, benötigt er Stimulation. Zu diesem Resultat kam man aufgrund von Beobachtungen an Säuglingen, die in Familien vernachlässigt wurden oder in Institutionen lebten.

Stimulation ist für jeden Säugling notwendig, wenn man „stimulieren" in dem Sinne versteht, wie es Wallon beschreibt: „Umgebung bedeutet für das Kind alles, worauf es mit seinen ihm zur Verfügung stehenden Mitteln wirken kann, um seine Bedürfnisse zu befriedigen. Unter Umgebung, auf die sich seine Aktivität richtet, sind gleichzeitig die stimulierenden Elemente zu verstehen, die seine Handlungen bestimmen."

Wenn wir uns also bemühen, die Umgebung des Säuglings, auf die seine Aktivität sich richtet, so zu gestalten, daß er sich darin seiner Entwicklungsebene gemäß betätigen kann, und wenn wir so mit ihm umgehen, daß wir auch während seiner Pflege darauf achten, ihm seine Bewegungsversuche zu ermöglichen und daß er sich seinen Interessen und seinem Bewegungsanspruch entsprechend mit den ihn umgebenden Gegenständen aktiv beschäftigen kann, dann – und nur dann – sichern wir ihm die zu seiner Entwicklung notwendige Stimulation.

Dazu ist eine fortwährende Aufmerksamkeit und ein einfühlendes Verständnis nötig, und dies verlangt immer wieder eine wohldurchdachte Gestaltung seiner Umgebung. Leider ist statt dieser Stimulation eine andere Auslegung von „Stimulation" entstanden, die nicht auf das Liebgewinnen der täglichen Freuden und auf das Entfalten der Aktivität des Kindes gerichtet ist, sondern das Kind einfach nur unterhalten will.

Das ist aber keine einfache Stimulation mehr, sondern eine „Extrastimulation". Als Resultat dieses Mißverständnisses hängt man im Blickfeld des Säuglings über seinem Bett Spielzeug auf. Gelegentlich auch sogenanntes entwicklungsförderndes Spielzeug, das mit Hilfe von verschiedenen komplizierten Mechanismen funktioniert, z. B. entsprechende Mobile. Strampelt der Säugling und berührt dabei das Spielzeug, gibt es Töne, wechselt die Farbe oder beginnt sich zu bewegen. In seinem Gesichtskreis geschieht also Verschiedenes an besonders starken, auffordernden Reizen, die seine Aufmerksamkeit eine Zeitlang fesseln. Dabei erfährt er, daß er nur strampeln muß, und schon spielt sich ein ganzes Theater vor ihm ab. Der Säugling sieht und hört Verschiedenes, für das er noch nicht reif genug ist und wofür er sich von sich aus vielleicht noch gar nicht interessieren würde. Auf diese Weise schwächt man leicht sein Interesse an den Bewegungen seiner eigenen Hände oder seinen übrigen Bewegungsversuchen. Diese Art von Unterhaltung lenkt die Aufmerksamkeit von der sich ihm im täglichen Leben natürlich bietenden Vielfalt des zu Erlernenden ab. Diese Moden der Säuglingsunterhaltung lenken auch die Aufmerksamkeit der Mutter davon ab, daß sie für eine dem Säugling entsprechende Umgebung sorgt, die ihm Möglichkeiten bietet, Erfahrungen zu sammeln – Erfahrungen, die seinem Reifegrad entsprechen.

So wird dem Säugling von Anfang an diese Art komplizierten Spielzeugs gegeben, und er stellt sich auf für ihn nicht adäquate stark auffordernde Reize ein, gewöhnt sich an sie und erwartet sie deshalb auch. Es interessiert ihn kaum noch das Entdecken von immer interessanter werdenden Dingen, die ihm das tägliche Leben zum Erforschen bieten könnte. Vielleicht könnte man sogar sagen, daß auf diese Weise dem Verlangen nach Drogen geradezu Vorschub geleistet wird.

Zum Glück wird ein Teil der Säuglinge dieses Spielzeugs, mit dem er selbst wenig anfangen kann, bald überdrüssig, und er wendet sich trotz des ihn umgebenden Spektakels jenen Möglichkeiten in seiner Umgebung zu, mit denen er altersgemäß spielen kann.

Auch das Unterrichten des Säuglings hat einen neuen Aufschwung genommen, seit man bewiesen hat, daß das Neugeborene mehr kann und auch über eine größere Lernkapazität verfügt, als man es bisher angenommen hatte. Diese Lernkapazität will man zur Entwicklungsförderung verwenden. Das hat in der Praxis oft zur Folge, daß man dem Säugling z. B. mit viel Mühe etwas beibringen möchte, was er selbständig viel besser erlernen würde, und auch solche Sachen, die er nur macht, um den Erwachsenen gefällig zu sein, deren Sinn er aber nicht versteht. Es wird auf diese Weise viel wertvolle Zeit des Kindes in Anspruch genommen, in der es frei spielen könnte. Nicht selten verliert es dadurch leider auch die Lust am freien Spiel. Wenn es trotz allem zu spielen beginnt, läßt man es oftmals nicht seinem Entwicklungsniveau entsprechend agieren, weil man es an der Zeit findet, ihm höher entwickelte Spielarten beizubringen.

So sah ich z. B. in einer gut geführten Krippe ein ungefähr einjähriges Kind auf dem Boden herumkriechen. Es nahm eine kleine Lokomotive aus Holz in die Hand und drehte sie mit viel Interesse, betastete sie und untersuchte sie. Eine Erzieherin bemerkte dies, ging hin, nahm das Spielzeug aus der Hand des Kindes, rollte es auf den Rädern hin und her und sagte zu ihm: „So muß man damit spielen". Als sie wegging, nahm das Kind die Lokomotive wieder auf, drehte sie, untersuchte sie, drehte sie um und berührte sie mit großem Interesse. Die Erzieherin ging wieder zu ihm hin, nahm die Lokomotive wieder aus seinen Händen, und während sie sie hin und her rollen ließ, sagte sie nochmal: „So muß man damit spielen." Als die Erzieherin ging, ließ das Kind die Lokomotive stehen und kroch weg. Es hatte das Interesse verloren.

Das Unterrichten der Kleinkinder geht oft noch sehr viel weiter als in der eben geschilderten Situation. So bringt man z. B. in den Vereinigten Staaten zweijährigen Kindern das Maschineschreiben bei, um ein groteskes Beispiel unter vielen herauszugreifen.

Ein abschreckendes Beispiel dieser Tendenz ist das auch in Ungarn vor einigen Jahren erschienene Buch von Geneviäve

Painter. Nach einem vorgeschriebenen, systematischen Lehrgang soll die Mutter täglich einen bestimmten Lehrstoff mit dem Säugling durchnehmen. Die Autorin schlägt auch zahlreiche Maßnahmen vor, die darauf abzielen, die Adaption und Orientierung des Kindes ernstlich zu erschweren. So soll man z. B. das Bett des Kindes immer wieder an einen anderen Ort stellen und es im Bett immer wieder woanders hinlegen, sogar auch während des Fütterns soll die Mutter seine Lage im Schoß immer wieder ändern. Sie rät unter anderem auch, das Kind zeitweise mit dem Kopf nach unten, an den Füßen gehalten, hängen zu lassen.

Wir könnten uns fragen, wie es möglich ist, daß trotz dieser verschiedenen Versuche die Mehrzahl der gesunden Säuglinge sich bei einer liebevollen Mutter dennoch gut entwickeln und im großen und ganzen auf den oberflächlichen Beobachter einen guten Eindruck machen.

Dabei spielt eine entscheidende Rolle, daß die Adaptionsbereitschaft eines gesunden Säuglings sehr groß ist. Innerhalb gewisser Grenzen hält er fast alles aus. Bei einzelnen Hopi-Indianer-Stämmen bleibt er z. B. monatelang in Rückenlage auf ein Brett gebunden friedlich und gut gelaunt. Das ist aber kein Beweis dafür, daß solch eine Maßnahme für den Säugling und seine weitere Entwicklung angemessen ist und daß es richtig wäre, seine Entwicklung auf diese Weise zu beeinflussen.

Ich möchte jetzt noch andere, die Entwicklung und Erziehung betreffende, neue wesentliche Erkenntnisse erwähnen.

In den letzten Jahren erschienen zahlreiche Arbeiten über die Kompetenz des Säuglings und darüber, wie wichtig es sei, diese im Interesse der Entwicklung seiner Persönlichkeit zu ermöglichen. Andere Arbeiten betonen, wie wichtig die gemeinsame Tätigkeit oder Interaktion von den ersten Lebenstagen an für die Bildung der Mutter-Kind-Beziehung sei. Ferner haben Forschungen gezeigt, daß die aus eigener Initiative ausgeführten Bewegungen und Handlungen in der Entwicklung des Kindes eine wesentliche Rolle beim Lernen sowie bei der Ausbildung seines Körperschemas spielen. Sie sind wesentlich bei der Entwicklung des Willens und der Ausdauer, beim Erlernen des Planens von Handlungen und beim Kennenlernen der Umwelt.

Aber diese Erkenntnisse werden kaum im täglichen Leben verwirklicht. Wie schon erwähnt, werden meiner Erfahrung nach die neuen Erkenntnisse nur in Teilaspekten übernommen. In erster Linie dann, wenn dies mechanisch geschehen kann, keine persönliche Zuwendung erfordert und an den traditionellen Formen der Mutter-Kind-Beziehung nichts ändert. Das Umsetzen wissenschaftlicher Resultate und Erkenntnisse in die Praxis, bei der die Mutter ihr mütterliches Verhalten dem Säugling gegenüber bzw. die Eltern ihre Einstellung zu seiner Erziehung verändern müßten, ist viel schwieriger und stößt oft auf fast unüberwindbare Widerstände.

Aus dem Forschungsgebiet der Bewegungsentwicklung möchte ich ein Beispiel dazu erwähnen: In vielen Ländern der Welt setzen die Mütter bzw. Eltern den Säugling auf, bevor er sitzen kann, damit er das Sitzen lernt, sie stellen ihn auf, bevor er stehen kann, damit er das Stehen lernt, und sie führen das Kind an den Händen, um ihm das Gehen beizubringen, bevor es von sich aus dazu fähig ist. Für sie ist das die natürliche Kontaktaufnahme mit dem Kind, denn es freut die Eltern und den Säugling, und so glauben sie, daß sie auf diese Weise eine gute Beziehung zueinander aufbauen. Wir wissen aber, daß es überflüssig, ja sogar schädlich für die Bewegungsentwicklung ist, das Kind aufzusetzen, aufzustellen oder an den Händen zu führen. Wir wissen heute schon, daß der gesunde Säugling, für dessen Bewegungsmöglichkeit gesorgt wurde, selbständig aus eigener Initiative, von der Rückenlage ausgehend, über Drehen, Rollen, Bauchkriechen und Krabbeln auf allen vieren zum Sitzen, Stehen und Gehen kommt und dabei außerdem lernt, sich gut und geschickt zu bewegen. Vergeblich wurde die bedeutende Auswirkung dieses Entwicklungsvorganges auch auf die Persönlichkeitsentwicklung und auf die Entwicklung der Kompetenz der Säuglinge beschrieben – man setzt und stellt die Kinder auf und „hilft" ihnen nach wie vor beim Gehenlernen. Dieser Gepflogenheit widersprechen im allgemeinen weder die Ärzte noch die Psychologen. Dies alles machen die Eltern natürlich zu einer Zeit, in der die Kinder zu diesen Leistungen noch nicht reif sind. Wären sie schon reif dazu, bräuchte man sie nicht zu stimulieren und das Kind würde die Kraft und „Hilfe" des Erwachsenen nicht benötigen. Bei dieser herkömmlichen Verhaltensweise sind die Eltern aktiv und tun etwas mit dem Kind. Das Kind ist passiv und freut sich über den Erfolg, den die Mutter mit ihm erreicht hat.

Wir wissen aber aus unseren Forschungen, daß eine aktive Zusammenarbeit beider Teile notwendig ist, um einen guten Kontakt auszubilden, auch dann, wenn es sich um die Beziehung eines Erwachsenen zu einem Säugling handelt. Und wir wissen, welch weitreichende Rolle dies in der Erziehung des Säuglings zur Kompetenz und bei der Entfaltung seiner Persönlichkeit spielt. Aber wenige machen sich auf den Weg, diese Erkenntnisse ins tägliche Leben umzusetzen.

Es scheint schwerer zu sein, das Kind nach eigener Lust und Initiative, in seinem eigenen Zeitmaß frei spielen zu lassen und sich darüber zu freuen, was es von sich aus unternimmt, als es den ganzen Tag auf dem Arm zu tragen. Es wird deswegen schwieriger sein, weil es eine wesentliche Veränderung des gewohnten Verhaltens voraussetzt. Das habe auch ich damals nicht vorausgesehen, als ich meine mit der Bewegungsentwicklung zusammenhängenden Erkenntnisse formuliert habe.

Es ist wesentlich schwieriger, etwas Neues in die Praxis umsetzen, das nicht nur ein mechanisches Übernehmen bedeutet, sondern eine grundlegende Änderung der bisherigen Anschauungs- und Handlungsweise. Wenn wir den Säugling als aktiv teilnehmenden Partner akzeptieren und ihm helfen wollen, daß er aufgrund eigener Erfahrungen sich selbst und die Welt kennenlernen kann, ist es wichtig, daß wir ihm seine eigene Initiative von Anfang an ermöglichen und die Art und Weise seiner Entwicklung auch dann schätzen, wenn er noch nicht so weit ist, wie wir es gerne hätten.

Ich habe ein Beispiel aus dem Gebiet der Bewegungsentwicklung gebracht, aber ich hätte in diesem Zusammenhang auch genausogut eines aus der Eltern-Kind-Beziehung erwähnen können. Man schreibt viel darüber, wie wichtig die gute Verbindung und Kooperation zwischen Säugling und Mutter sei. Aber selbst bei einer Annahme dieser Erkenntnisse bleiben sie in der Praxis oft auf Teilaspekte der Beziehung beschränkt. So soll das Kind z. B. auf dem Schoß und in Körpernähe sein, und es soll Hautkontakt haben usw. – Auch dort, wo man über den Inhalt der Interaktion ausführlicher schreibt, beschränkt sich das meist auf solche Themen wie das Spielen mit dem Kind, das bei weitem nicht die wichtigste und meiste Zeit im gemeinsamen Tagesablauf ausmacht. In der Literatur, in der die Art der Interaktion und ihre Möglichkeiten behandelt werden, findet sich kaum eine Analyse der Tätigkeiten, die die Betreuenden des Kindes täglich mehrmals am und mit dem Kind verrichten. Es wird kaum die Zusammenarbeit innerhalb der Pflegesituation erwähnt, wenn der Erwachsene das Kind aufnimmt, wickelt, badet, an- oder auszieht und ihm zu essen und zu trinken anbietet. Ganz besonders wenig finden wir in der Literatur über den Anfang dieses Zusammenwirkens während der Neugeborenenperiode. Dieses Zusammenwirken spielt aber eine wesentliche Rolle in der Ausbildung der Mutter-Kind-Beziehung, wie wir durch Forschungen beweisen konnten.

Das ist meiner Ansicht nach das Gebiet, auf dem die Eltern Anleitung benötigen. Jedoch nicht durch das Kopieren von urzeitlichen Sitten und Bräuchen, sondern indem wir den Eltern helfen, ihre Kinder und deren Bedürfnisse besser kennenzulernen, die günstigste Art und Weise der Zusammenarbeit auszubilden und eine entsprechende Umgebung zu schaffen, in der die Kinder aktiv und selbständig tätig sein können. Damit ermöglichen wir beiden Teilen ein friedliches Zusammenleben. Die Eltern brauchten auch darin Unterstützung, häufige Spannungen vermeiden zu lernen, die entstehen, indem sie bei ihren Säuglingen solche Gewohnheiten anlegen, die ihnen später beim Zusammensein unnötige Sorgen bereiten und ihr eigenes Leben und das Leben ihres Kindes erschweren.

Soweit meine Gedanken zu den vor allem im Ausland beobachteten und oft mit psychologischen Untersuchungen begründeten Arten des Umgangs mit Säuglingen. Meine angeführten Beispiele mögen verdeutlicht haben, daß die Versuche, gewisse Bräuche der Naturvölker einfach auf unsere zivilisierte Gesellschaft zu übertragen, nicht zu dem gewünschten Resultat führen können. Statt dessen sollte man den Eltern bei der Ausbildung einer menschlicheren Beziehung zu ihren Kindern behilflich sein statt der üblichen, in der der „allwissende" Erwachsene dem „nichts-wissenden" Säugling alles beibringen zu müssen glaubt. Wir sollten dahin wirken, daß sie nach und nach immer mehr Verständnis für die selbständige Aktivität des Kindes entwickeln, was auch eine bessere Kooperation bei der Erziehung des Kindes mit sich bringt.

Nur indem wir sie dabei unterstützen, eine menschliche, bewußtere Beziehung zu ihrem Säugling zu entwickeln, können wir den Müttern mit unseren Hinweisen behilflich sein. Auf diesem Weg können die Eltern erleben, daß im Zusammensein mit ihrem Säugling ihr eigenes Leben und vor allem das Leben ihrer Kinder ruhiger, ausgeglichener und friedlicher wird – auch unter den sich immer rascher verändernden, gesellschaftlichen Verhältnissen unserer Zeit.

Die Einheit von Pflege und Erziehung

Judit Falk

Die Mehrzahl seiner sozialen Erfahrungen macht ein Säugling während der Pflege, während er gefüttert, gebadet, gewickelt oder an- und ausgezogen wird.

Dennoch findet man in der ständig zunehmenden Literatur über die soziale Entwicklung des Säuglings weit mehr Untersuchungen über die Umwelteinflüsse außerhalb der Pflegesituation und ihre Auswirkung auf die Ausbildung seines Verhaltens als Untersuchungen über die Einflüsse während der Pflege. Von diesen wenigen gibt es vor allem solche zum Thema Ernährung, in denen dann aber mehr über das Verhalten von Müttern bzw. Betreuern im allgemeinen gesagt wird als über bestimmte Besonderheiten ihres Verhaltens und deren Auswirkungen.

Verhältnismäßig viele wissenschaftliche Untersuchungen beschäftigen sich so zum Beispiel mit dem Für und Wider des Stillens oder der Ernährung mit der Flasche und der jeweiligen Wirkung auf die Mutter-Kind-Beziehung als auch auf die spätere Persönlichkeit des Kindes. Sehr wenige beschäftigen sich jedoch damit – welche Art und Weise der Ernährung auch immer angewandt wird –, wie die Mutter oder Betreuerin sich während der Füttersituation verhält und welche Interaktionen dabei stattfinden und welche Folgen dies alles haben könnte. Eben deshalb ist es nicht verwunderlich, daß auch in den meisten Lehrbüchern oder in der populärwissenschaftlichen Literatur von der Pflege nur als hygienischer Technik die Rede ist, kaum oder gar nicht jedoch über ihren psychologischen oder erzieherischen Wert.

Im Lóczy wird der Pflegetätigkeit und allem, was während der Pflege zwischen Kind und Erwachsenem geschieht, von

Anfang an besondere Bedeutung beigemessen. Ein Grund hierfür ist, daß das Kind gerade bei dieser Gelegenheit allein mit seiner Pflegerin ist und sie ihm so ihre differenzierte Aufmerksamkeit – die die Grundlage für den Aufbau ihrer gegenseitigen Beziehung bildet – ungeteilt geben kann. Gerade während dieser Zeit kann sich die Pflegerin am persönlichsten um das Kind kümmern. Natürlich geht es dabei auch um das Erlernen des selbständigen An- und Ausziehens, Essens, Händewaschens oder der Benutzung des Töpfchens.

Darüber hinaus lernt das Kind während der Pflege bei der Befriedigung seiner körperlichen Bedürfnisse – durch die Art und Weise, wie und wodurch sie befriedigt werden –, seine Bedürfnisse selbst zu erkennen, zu differenzieren und anzuzeigen. Es lernt auszudrücken, auf welche Weise es seine Bedürfnisse befriedigt haben möchte und ob es sich während der Pflege wohlfühlt und danach zufrieden ist. Dies ist unserer Erfahrung nach gleichzeitig eine Voraussetzung dafür, daß es sich auch der äußeren Welt interessiert zuwenden kann.

Der Säugling lernt überwiegend während der Pflege und im Zusammenhang mit der Befriedigung seiner körperlichen Bedürfnisse sowohl sich selbst als auch seine Eltern oder Betreuer kennen.

Am Anfang erlebt er seine körperlichen Bedürfnisse noch in Form von unsicheren, unangenehmen Spannungen. Er „weiß" noch nicht, daß er hungrig ist, daß er Durst hat, daß ihm kalt oder warm ist, auch nicht, daß ihm etwas weh tut. Von all diesen unangenehmen Gefühlen befreit ihn der Erwachsene, der ihn betreut, am besten dadurch, daß er sich bemüht, seine Signale zu verstehen und ihn dadurch ermutigt, seine Bedürfnisse auszudrücken. Dies wiederum veranlaßt das Kind, daß es das Stillen von Hunger, Durst und die Befreiung von anderen unangenehmen Gefühlen mit dem ihn betreuenden Erwachsenen verbindet. Sein physisches und emotionales Sicherheits- bzw. Geborgenheitsgefühl verbinden sich auf diese Weise mit dem Erwachsenen.

In diesem Zusammenhang möchte ich die Erfahrungen von Bell und Ainsworth erwähnen: Säuglinge, auf deren Weinen die Mutter in den ersten Lebenswochen unmittelbarer reagierte, weinten viel weniger im zweiten Halbjahr als die, deren Weinen lange oder ganz ohne Antwort blieb. Die Erfahrungen von Stayton, Hogan und Ainsworth bei denselben Kindern ergaben darüber hinaus, daß die in die erste Gruppe gehörenden Säuglinge mit einem Jahr leichter mit Worten zu erreichen waren als die anderen.

Durch die Wahrnehmung seiner Bedürfnisse und durch die auf ihre Äußerung hin gegebene Antwort, lernt der Säugling zum einen seine Bedürfnisse – z. B. Hunger oder Durst – zu erkennen und zum anderen, daß er selbst es ist, der hungrig oder durstig ist. Der Säugling lernt sogar, daß er selbst dazu beitragen kann, daß die unangenehmen Gefühle behoben werden, indem er entsprechende Signale gibt, obwohl es der Erwachsene ist, der diese Spannungen letztendlich behebt. Indem der Erwachsene während der Pflege auf die Signale des Kindes achtet und es unter deren Berücksichtigung füttert, badet und an- und auszieht, gibt er ihm von Anfang an Gelegenheit, den Verlauf der Pflege und die Art und Weise der Befriedigung seiner Bedürfnisse zu beeinflussen. So kann bereits der Säugling auf das Tempo des Fütterns, die Menge, die Temperatur und die Dickflüssigkeit der Nahrung und das Beenden der Mahlzeit wie auch auf den Rhythmus der Handbewegungen beim Wickeln, An- und Ausziehen und auf die Menge und Temperatur des Badewassers Einfluß nehmen.

Nach Bruner erwirbt der Säugling die Kompetenz, mit Gegenständen umzugehen, dann, wenn er die Möglichkeit hat, die Konsequenzen seiner eigenen Handlungen zu erfahren. So wird das anfangs zufällig oder instinktiv erscheinende Verhalten nach vielfältigen Erfahrungen langsam zu einem willensbedingten Akt. Der Weg zur Ausbildung sozialer Kompetenz ist ähnlich, da das Vertrauen des Säuglings, daß er die mit ihm geschehenden Ereignisse beeinflussen kann, sein Wirksamkeitsgefühl verstärkt. Dies aber ist die Grundlage der aktiven sozialen Anpassung.

David und Appell erkannten die große Bedeutung, die wir der Qualität der Pflege beimessen. In ihrem über das Lóczy geschriebenen Buch widmeten sie der Analyse der Pflegequalität ein ausführliches Kapitel. Darin wird unter anderem Folgendes betont: „Die Pflegehandlungen besitzen einige gemeinsame, in jeder Gruppe von Kindern zur Geltung kommende Besonderheiten, von denen der Beobacher sofort berührt wird. Das Kind wird, unabhängig von seinem Alter, nie wie ein Gegenstand behandelt, sondern wie ein Wesen, das fühlt, erlebt und beobachtet, Erfahrungen sammelt und die Dinge versteht oder sie auf jeden Fall mit der Zeit verstehen wird, vorausgesetzt, daß ihm die Möglichkeit dazu geboten wird. Da ist nie Eile oder Hast. Obwohl die Pflegerin keine Sekunde untätig ist, scheint sie nie gehetzt zu sein, und der Beobachter hat den Eindruck, daß sie jedem einzelnen Kind immer die entsprechende Zeit widmen kann. Es muß schon eine außerordentliche Situation eintreten, wenn sie einmal nicht auf die gewohnte Weise – sich an den Rhythmus des Kindes anpassend – die angefangene Handlungsfolge ausführt und beendet."

Die Autoren weisen besonders auf die Sanftheit der Bewegungen hin, die nicht nur einfach von Freundlichkeit zeugen, sondern auch das ständige Beachten der Empfindsamkeit des Kindes gegenüber allem, was mit ihm geschieht. Sie weisen auch darauf hin, daß der Verlauf der Pflege nicht vom Belieben der Erwachsenen abhängt. Neben der Sanftheit ist ein anderer entscheidender Faktor das ständige Bestreben, die Teilnahme des Kindes unabhängig von seinem Alter zu ermöglichen. Während der Pflege spricht die Pflegerin zum Kind. Schon dem Neugeborenen sagt sie, was sie gerade mit ihm tut. Sie achtet auf seine Reaktionen und faßt sie in Worte. Wenn es nur irgendwie möglich ist, schließt sie sich den Bewegungen des Kindes an, während sie es füttert, an- oder auszieht, badet und wickelt. Immer begleitet ein verbaler Kommentar das Vorzeigen des Gegenstandes, mit dem das Kind in Verbindung kommen wird, wie z. B. das Glas, das Hemdchen, den Kamm oder seine Decke. Die Pflegerin gibt dem Kind Gelegenheit, diese Dinge zu berühren, bestärkt es in seinen Versuchen, den Gegenstand selbständig benutzen zu wollen, gibt seinen mithelfenden Bewegungen Raum. Das heranwachsende Kind wird in seiner Kooperation immer bewußter. Gerber charakterisiert die Einstellung zur Pflege im Lóczy mit dem Respekt vor der Initiative und den Reaktionen des Kindes und betont die Bedeutung der im Interesse des gemeinsamen Zieles zusammen ausgeführten Handlungen.

Das Kind ist also kein bloßes Objekt, sondern ein aktiv teilnehmender Partner der Pflege. Diese Teilnahme wird vom Erwachsenen nicht verlangt, sondern ermöglicht und das Kind dazu ermutigt. Die Voraussetzung für das Mitwirken des Kindes ist eine gute Beziehung, die durch die Mitwirkung wiederum verstärkt wird. Das mit seinem Betreuer in guter Beziehung lebende Kind ergreift im allgemeinen gerne die angebotenen Möglichkeiten und wird dadurch immer selbständiger. Diese Selbständigkeit ist aber kein Selbstzweck. Echten Wert besitzt sie nur dann, wenn sie die Freude des „selbst", „allein" enthält und wenn sie ein Privileg ist, auf dem das Kind fest besteht. In vielen Krippen und Heimen wird angestrebt, daß die Kinder so früh wie möglich auf dem Gebiet

Beim Anziehen

39

der körperlichen Versorgung selbständig werden. Oft sind sie noch gar nicht reif dafür.

Diese Reife ist nicht nur vom Alter abhängig und auch nicht nur vom Entwicklungsstand der Motorik, der manuellen und geistigen Fähigkeiten. In Übereinstimmung mit Beller sind wir der Ansicht, daß die Forderung der frühen Selbständigkeit, die die gefühlsmäßige und soziale Reife übersteigt, von dem Kind als Ablehnung seiner Hilfsbedürftigkeit erlebt wird. Da das Kind aber auf diese Hilfe angewiesen ist, empfindet es deren Unterlassung gleichzeitig als Ablehnung seiner Person im ganzen. Die auf dieser Grundlage stattfindenden Aktivitäten, mit denen es sich selbst versorgt, wie Essen, Händewaschen usw., bauen auf Unsicherheit, Unbehagen und Verlassenheit auf und bedeuten daher nur eine Pseudoautonomie.

Man spricht viel über die wichtige Rolle der taktilen Reize bzw. des Hautkontaktes zwischen Kind und Erwachsenen für die emotionale Entwicklung. Zweifellos ist das wichtig. Das Übel ist nur, daß man unter diesem Kontakt meistens nur das Streicheln, Umarmen oder Herumtragen des Kindes versteht.

Ohne Frage ist es für das Kind wichtig und wohltuend, wenn man es zeitweise aufnimmt. Oft hört es in den Armen seiner Mutter oder des vertrauten Erwachsenen mit dem verzweifelten Weinen auf, noch ehe die auslösende Ursache behoben wurde. Schwierigkeiten und Schmerzen sind leichter in den vertrauten Armen oder auf dem Schoß zu ertragen. Wenn ihm etwas zustößt, beruhigt es sich leichter, wenn man es aufnimmt oder sich zu ihm hinsetzt und es so tröstet. Es ist schön, auf dem Schoß zu sein, auch wenn nichts Schlimmes geschehen ist. Nach der Mahlzeit „plaudert" jeder Säugling gerne noch eine Weile auf dem Arm des Erwachsenen, der ihn gefüttert hat, und freut sich über ein kleines, spielerisches Zusammensein. Auch größere Kinder möchten noch gerne auf den Schoß genommen werden, entweder für ein kleines Spielchen oder um ein wenig zu plaudern oder ein Märchen zu hören.

All das ist natürlich und gut. Aber ebenso wichtig, wenn nicht noch wichtiger, ist jene Form der Berührung, mit der der Erwachsene den Säugling nicht nur liebkost, sondern ihn auch betreut, d. h. jener Kontakt, bei dem er, ihn behutsam berührend, seine körperlichen Bedürfnisse befriedigt.

Die Bücher von Leboyer haben in der ganzen Welt Begeisterung für die sanfte Geburtshilfe hervorgerufen. Leboyer führt das Neugeborene schonend und einfühlsam in die veränderten Lebensverhältnisse ein. Zum Beispiel wird der Kreißsaal still, warm und halbdunkel gehalten. Die Bewegungen sind sanft und nicht rascher, als unbedingt notwendig. Das neugeborene Kind legt man auf den Bauch der Mutter, die mit ihren Händen den Rücken des Kindes streichelt. In dieser Situation wartet man ab, bis das Pulsieren der Nabelschnur vollständig aufhört, bis also das Atmen und der Blutkreislauf des Neugeborenen seine Sauerstoffversorgung sichern. Erst dann wird das Kind abgenabelt. Danach wird es nicht unter den Wasserhahn gehalten, sondern behutsam in angenehm warmes Badewasser gelegt. Man wartet ab, bis es sich darin ganz entspannt hat, dann hebt man es stufenweise heraus, ihm gleichsam Zeit lassend, sich allmählich an die Wirkung der Schwerkraft zu gewöhnen.

Verschiedene Nachuntersuchungen haben ergeben, daß Mütter, die auf diese Art und Weise entbunden haben, ihr Kind noch einen Monat später viel vertrauter und verständnisvoller behandelten als Mütter nach einer traditionellen Entbindung. Andere jedoch, die nicht so einen signifikanten Unterschied gefunden haben, sind der Meinung, daß man, obwohl der frühe, körperliche Kontakt zwischen Mutter und Neugeborenem die anfängliche Kommunikation erleichtert, nicht erwarten darf, daß sie dadurch auch vor späteren Problemen geschützt sind.

Obwohl es außerordentlich wichtig ist, was bei der Geburt und unmittelbar danach geschieht, ist es nicht weniger wichtig, wie es später weitergeht! Wenn während der Pflege die Bewegungen der berührenden Hand nicht behutsam und einfühlsam, sondern gefühllos, gleichgültig, mechanisch, routiniert und eilig sind, fühlt das Kind statt Freude am körperlichen Kontakt dessen Unannehmlichkeiten. Dann ist die Pflege kein Anlaß zur Freude, sondern bloß ein zu tolerierendes, immer wiederkehrendes Ereignis des Tages. In Säuglingsheimen und Kinderkrippen ist das besonders wichtig, da sich zum Kompensieren solch unglücklichen Zusammenseins weniger Gelegenheiten bieten als in der Familie.

Schließlich muß man auch daran denken, daß die Pflege ein Teil jenes Vorgangs ist, im Verlauf dessen das Kind seinen eigenen Körper kennenlernt. Eine wichtige Rolle spielt dafür natürlich auch seine aktive körperliche Tätigkeit, während es spielt und sich bewegt, und wahrscheinlich gehört auch das Sehen und Erfahren des Körpers und der Bewegungen anderer dazu. Es ist aber eben auch alles von Bedeutung, was mit seinem Körper geschieht – d. h., wie es zum Beispiel berührt und angefaßt wird. Dies alles wirkt sich auf sein ganzes Leben und seine Persönlichkeit aus sowie auf die Gestaltung des von sich selbst geschaffenen Bildes und seines Selbstwertgefühls.

Auch für die Annahme seiner sexuellen Rolle und seines späteren elterlichen Verhaltens ist es von entscheidender Bedeutung, wie der Säugling seinen eigenen Körper und den Umgang mit ihm und seinen Funktionen erlebt hat, ob er daran Freude oder Unbehagen empfand und wie ihm dies vom Erwachsenen gespiegelt wurde.

Nach Winnicot begünstigt die Pflege die angeborene Tendenz des Kindes, seinen Körper zu „bewohnen", Freude an den körperlichen Funktionen zu finden und die von seiner Haut gebildete Grenze, die das Ich vom Nicht-Ich scheidet, zu akzeptieren. Wenn aber der Erwachsene nur danach trachtet, das Baden, Wickeln und Füttern möglichst rasch zu erledigen, spürt das Kind nicht nur das physische Unbehagen der raschen Bewegungen, sondern auch, daß das Zusammensein keinen von beiden erfreut.

Glücklicherweise verschwindet auch aus den Säuglings- und Kleinkindereinrichtungen allmählich die seit langem vorherrschende Ansicht, die körperliche Pflege einfach nur als eine technische Aktion zu betrachten – sie als eine wenig geschätzte der übrigen nicht-pflegerischen Tätigkeit der Betreuerin gegenüberzustellen und bloß die letztere als erzieherische Arbeit anzuerkennen. Die vielpropagierte Einheit von Pflege und Erziehung ist heute allerdings oft noch eine leere Phrase. In manchen Einrichtungen zeigt sich der Fortschritt nur darin – und zweifellos ist auch das schon ein Fortschritt –, daß man sich nicht mehr beeilt, die körperliche Pflege hinter sich zu bringen, um Zeit für die „Erziehung" zu gewinnen. Ein wirklicher Erfolg wäre es meiner Ansicht nach aber nur dann, wenn die zur Pflege verwendete längere Zeit auch eine qualitativ bessere Pflege mit sich bringen würde.

Ich möchte noch einmal betonen, daß nur eine einfühlsame Pflege wirklich einen Teil der Erziehungsarbeit erfüllt, während eine unpersönliche, technische Pflege die gesunde Persönlichkeitsentfaltung des Kindes behindert. Wenn seine Grundbedürfnisse nicht entsprechend befriedigt werden, hemmt der Mangel an physischem Sicherheitsgefühl das Interesse des Kindes für sich selbst und für die es umgebende Welt und behindert die Entfaltung seiner von innen entspringenden Aktivität und seine aktive soziale Eingliederung.

Die Bedeutung der Kooperation während der Pflege

Maria Vincze

Warum ist wirkliche Kooperation mit dem Kind so wesentlich? Warum genügt es uns nicht, daß die Betreuerin bei der
Pflege behutsam mit dem Säugling umgeht und liebevoll mit
ihm spricht?

Natürlich ist eine rücksichtsvolle, freundliche Pflege des
Säuglings schon an sich sehr wichtig. Ist er doch ein uns aus-
geliefertes Wesen, das in den Händen eines nicht mitfühlen-
den Erwachsenen leicht zu einem „Objekt" wird. Zu einem
Objekt, das man anfaßt, hochnimmt, hinlegt, auf dem Wickeltisch herumschiebt, ohne jeweils auf sein Gleichgewicht zu
achten – dessen Körper man manipuliert und dessen Haut
man unvermittelt mit Kälte oder Wärme in Berührung bringt.
Da der Säugling der Sprache nicht mächtig ist, „braucht man
auch gar nicht mit ihm zu sprechen". Und so wird manches
Mal einfach über ihn hinweggeredet, sei es, weil man sich mit
anderen Anwesenden im Raum unterhält oder indem man ihn
nicht wirklich anspricht, oder es wird eben gar nicht gesprochen. Was dabei allerdings völlig außer acht gelassen wird ist,
daß „dieses Objekt" das sich über es beugende Gesicht sieht,
die über ihm hin und herfliegenden Worte hört und spürt,
wenn und vor allem wie es angefaßt wird.

Wenn dagegen der Erwachsene das Kind weder durch stän-
diges oder lautes Sprechen irritiert noch es durch rasche Bewegungen aus seiner Gleichgewichtslage herausreißt, sondern
es mit behutsamen Händen berührt – wird die Pflege dem
Säugling kein unangenehmes Erlebnis werden. Dies allein ist
aber noch nicht ausreichend! Der Säugling macht gerade in
den ersten Wochen, nicht zuletzt während der Pflege, entscheidende Erfahrungen für die Entwicklung seiner Persön-

lichkeit. Seiner gesunden Entwicklung ist mit freundlichem Sprechen und einer taktvollen Pflege allein nicht Genüge getan. Er braucht unter anderem die Erfahrung, daß die freundlichen Worte wirklich an ihn gerichtet sind, daß die sich über ihn beugende Person mit ihren Augen, Worten und Händen auf Antwort – auf seinen Blick oder sein Lächeln wartet und auf seine Laute lauscht. So kann das Kind spüren, daß die seinen Körper berührende Hand eine fragende Hand ist, und kann auf die Frage mit Entspannung, dem Nachlassen und Lösen seiner Muskeln oder aber mit vermehrter Spannung, mit Widerstand antworten.

Auf diese Weise erlebt der Säugling, daß seine Äußerungen wahrgenommen und verstanden, seine Bedürfnisse ernst genommen werden und er durch seine Antwort Wirkung ausüben kann. Er gelangt so von Anfang an zu Erlebnissen seiner Kompetenz, erkennt nach und nach seine Bedürfnisse und in diesem Zusammenhang sein „Ich". Ein solches Miteinander-Umgehen entwickelt in ihm ein Gefühl des Vertrauens, das zur Grundlage seiner Persönlichkeit werden kann. Ein echter Dialog zwischen Erwachsenem und Kind bildet sich nur dann heraus, wenn das Kind darauf vertrauen kann, daß der Erwachsene während der Pflege tatsächlich für es da ist, wenn die Gesten bittend und fragend sind und es persönlich angesprochen wird. Wenn der Erwachsene den Säugling nur in seltenen Ausnahmefällen zum Mitwirken einlädt, bleibt es ein vergebliches Bemühen. Kooperation kann sich grundsätzlich nur dann entwickeln, wenn der Erwachsene immer wieder bereit ist, den Säugling und seine Reaktionen aufmerksam wahrzunehmen. Nur sein echtes Interesse an ihm schafft die zur Zusammenarbeit nötige, ständige Atmosphäre des aufeinander Reagierens und Eingehens.

Ein grob oder hastig behandelter Säugling gelangt nicht zu Erlebnissen seiner Kompetenz. Vielleicht beginnt er zu weinen, sobald man ihn auf den Wickeltisch legt, weil diese Situation unangenehme Erinnerungen in ihm wachruft. Er verspannt sich, widerstrebt den Handlungen der Pflegerin oder läßt sie nur passiv über sich ergehen. Auch ein freundlich, aber mechanisch und unachtsam gepflegter Säugling kommt nicht zum Erlebnis seiner Kompetenz, d. h. zu dem Gefühl, daß er auf den Partner eine Wirkung ausüben kann – auch dann nicht, wenn er scheinbar kooperiert. So wird er zum Beispiel beim Wickeln in der Rückenlage – mit oder ohne Aufforderung – seinen Po anheben. Wenn er schon größer ist, wird er sich an der gewünschten Stelle festhalten, seinen Fuß heben, sich beugen usw., als folge er einer genauen Choreographie. Ein solch „funktionierender" Säugling gewöhnt sich an die Aufforderungen, erlernt sie, weiß, was man von ihm erwartet, und führt die gut eingeübten Hilfsbewegungen entsprechend aus. Dagegen hilft ein mit seiner Pflegerin wirklich kooperierender Säugling aus Freude und eigenem Antrieb. Er reagiert bereitwillig auf die Bitten der Pflegerin, aber hier und da „erlaubt er sich" auch innerhalb der Pflegesituation, sich mit etwas anderem zu beschäftigen und die Aufmerksamkeit des Erwachsenen auf etwas anderes zu lenken. Dabei geht die mit dem Säugling wirklich zusammenarbeitende Pflegerin – im Rahmen des Möglichen – auch auf solche Äußerungen der kindlichen Spielfreude ein.

Solange man Kooperation mit Gehorsam verwechselt und Gehorsam bereits für Kooperation hält, meint man vielleicht, daß die Zusammenarbeit mit dem Säugling und Kleinkind – besonders bei der Gemeinschaftserziehung – deshalb so wichtig sei, weil die Kinder dabei rascher lernen würden, sich alleine an- und auszuziehen oder sich zu waschen. Wenn es dem Kind schon in Fleisch und Blut übergegangen wäre, in welcher Reihenfolge seine Hände und Füße verlangt werden, würde es sie schon im voraus hinstrecken – wenn das Kind schon wüßte, wie es sein Hemd ausziehen oder in seine Hose hineinschlüpfen sollte, würde die Dauer der für diese Tätigkeiten benötigten Zeit kürzer und das Kind würde früher selbständig werden. Die Pflegerin könnte auf diese Weise Zeit einsparen, um sie „nützlicheren", „edleren" Zwecken zu widmen, wie z. B. der Beschäftigung mit den Kindern beim gemeinsamen Spiel.

Uns geht es aber nicht darum, bei der Pflege Zeit einzusparen. Darüber hinaus ist es nicht so, daß man ein Kind schneller anziehen kann, wenn man wirklich mit ihm kooperiert. Im Gegenteil, die Antwort des Kindes – vor allem des Säuglings – auf die Bitte des Erwachsenen braucht ihre Zeit.

Häufig geschieht es, daß eine Pflegerin, die schon gelernt hat, daß es wichtig ist, mit dem Kind zu sprechen, das Kind zwar mit Worten auffordert mitzuhelfen – „bitte reich deine Hand, gib deinen Fuß, dreh dich um, steh auf, usw." – aber dann nicht wartet, bis das Kind die Bitte erfaßt hat und zu rasch selber handelt. Noch bevor ihre Bitte angekommen ist, nimmt sie schon die Hand oder den Fuß des Kindes, zieht ihm sein Hemdchen oder seine Hose an, legt es hin, dreht es um oder stellt es auf – d. h., ihre Hände verrichten bereits alles, wovon sie gerade spricht. Ein auf diese Weise passiv gemachtes oder auch ein gewissermaßen „funktionierendes" Kind, dem die helfenden Bewegungen schon antrainiert wurden, kann man schneller anziehen, als ein Kind, das wirklich kooperiert.

Die der Pflege eines kooperierenden Kindes gewidmete Zeit ist also nicht kürzer. Wir wollen sie auch gar nicht verkürzen, denn in einem Heim ist sie die einzige Gelegenheit, bei der die Pflegerin ausschließlich für dieses Kind da sein kann. Wir sind überzeugt, daß das Kind in der wirklich ihm gewidmeten Zeit während der Pflege mehr gewinnt als in der zur Beschäftigung und dem gemeinsamen Spiel mit der ganzen Gruppe aufgewendeten Zeit, die durch eine schnell ausgeführte Pflege gewonnen wird.

Bedingen nun diese Anforderungen an die Pflegerin, wenn sie sich häufen, einen solchen Zeitmangel, daß sie sich eilen muß? Nein, bei einer gut durchdachten Tagesordnung und einer entsprechend gestalteten Umgebung läßt sich die ununterbrochene, geruhsame Versorgung und Pflege von acht Kindern gut durchführen.

Welches Kind wird nun früher selbständig? Das passive, das „folgsame" oder das kooperierende? Lassen wir diese Frage offen; das frühe Selbständigwerden ist nicht unser Ziel! In vielen Einrichtungen müssen sich die Kinder – verglichen mit denen, die in Familien aufwachsen – bedauerlich früh selbst versorgen, obwohl sie noch nicht wirklich selbständig sind. Oft werden gerade die passiven und „folgsamen" Kinder von einem Tag auf den anderen „selbständig gemacht" – in Wirklichkeit werden sie eher alleingelassen mit dem ausgesprochenen oder unausgesprochenen Gedanken: „Du bist groß genug, um allein zu essen, dich allein anzuziehen!" So geschieht es, daß Kleinkinder, obwohl sie eigentlich noch nicht reif genug sind, allein zu essen, an den Tisch gesetzt werden und sich mit dem ihnen vorgesetzten Essen abmühen müssen.

In einem Säuglingsheim ist die Kooperation ein unabdingbares Mittel zur Verwirklichung einer guten Beziehung. Eine Mutter betrachtet im allgemeinen ihr Kind als zu sich gehörig. Die Pflegerin aber, die das Kind, das nicht ihr eigenes ist, notwendigerweise früher oder später abgeben oder verlassen muß, die eventuell den durch eine solche Trennung verursachten Schmerz schon mehrmals erlebte und sich unbewußt gegen die Wiederholung einer solch schmerzlichen Erfahrung wehren mag, benötigt unsere Unterstützung, um trotzdem eine echte Beziehung zum Kind aufbauen zu können. Vergebens würden wir ihr sagen – und daher tun wir es auch nicht! – daß sie das Kind „lieben soll", daß sie auf seine Regungen „achten soll" oder daß sie „mit ihm sprechen soll". Es wären nur Worte, Aufforderungen, denen sie nach bestem Wissen folgen würde, und das Kind bliebe dennoch passiv und würde nicht antworten. Wenn wir sie jedoch ermutigen, auf die Antwort des Säuglings zu achten und zu warten und die Antwort dann auch kommt – wenn er lächelt und lallt beim Lächeln der Pflegerin, sich auf ihre Worte und auch auf das Berühren seines Körpers hin entspannt und damit seine Bereitschaft anzeigt, aufgenommen zu werden – später, beim Anziehen, seine Hand oder seinen Fuß reicht oder sich aufsetzt, aufsteht usw. –, dann wird ihr das Kind allmählich immer näherkommen, und zu Recht erlebt sie in dem Bereitwerden und Mitwirken des Säuglings das Ergebnis, den Erfolg ihrer Arbeitsweise. Das stärkt ihr Selbstvertrauen und gibt ihr das Bewußtsein, daß sie dem Kind und das Kind ihr wichtig ist. Auf diese Weise findet sie Freude an ihrer Arbeit und an dem Zusammensein mit den Kindern.

Die Rolle von Wickeltisch, Umkleidetisch und Boden-
kissen für die Kooperation

Wie ich im folgenden zeigen werde, können entsprechende
Einrichtungsgegenstände hilfreich sein, die Entwicklung einer echten Zusammenarbeit zu erleichtern.

Wie können wir dafür sorgen, daß sich das Kind ebenso wie
der Erwachsene während der Pflege wohlfühlen kann und die
Pflegerin nach dem Versorgen von acht Kindern nicht er-
schöpft ist?

Im Lóczy erfolgt das Umkleiden und Wickeln der Kinder –
vom Alter und Grad ihrer Bewegungsentwicklung abhängig –
zunächst auf dem Wickeltisch, dann auf einem niedrigeren
Tisch, dem Umkleidetisch, und schließlich auf einem auf
dem Boden liegenden flachen Kissen – eventuell auch direkt
auf dem Boden.

Der Wickeltisch
Auf einem Wickeltisch oder einer Wickelkommode mit entsprechenden Maßen fühlt sich das Kind wohl – auf seinem

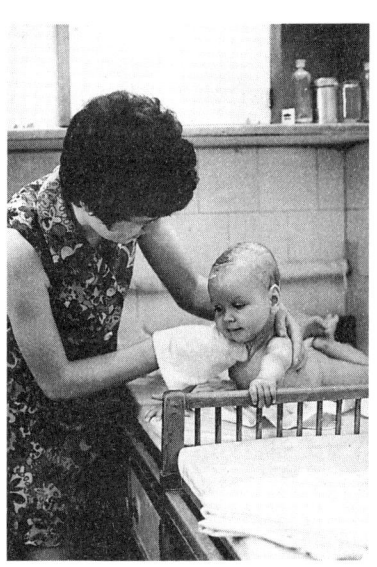

Rücken liegend hängen seine Füße nicht herunter, es findet genügend Platz sich zu drehen, und die seitlichen Gitter schützen es vor dem Herunterfallen.

Es gibt keinen Wickeltisch, der allen Pflegerinnen und Kindern einer Gruppe optimal gerecht wird. Ein Tisch, der für eine durchschnittlich große Pflegerin gerade die rechte Höhe hat, ist für eine kleinere zu hoch. Da sie das Gesicht des Kindes nicht gut sehen kann, wird es ihr erschwert, zu dem Kind einen guten Kontakt zu bekommen. Einer ausgesprochen großen Pflegerin hingegen kann das viele Sichherunterbeugen Rückenschmerzen verursachen.

Allerdings wären Tische, die sich auf die gewünschte Höhe einstellen ließen, auch keine Lösung, denn bei wechselnder Höhe könnte das Kind durch die Veränderung der vertrauten optischen Anhaltspunkte gestört werden.

Nicht nur die günstigste Höhe, auch die angemessene Tiefe des Wickeltisches ist schwer zu ermitteln. Ist der Tisch nicht tief genug, muß die Pflegerin die größeren Säuglinge schräg legen, damit auch die Füße auf dem Tisch ruhen können – ist er zu tief, kann eine kleinere Pflegerin sich nicht über das Gesicht des Säuglings beugen.

Die Tischbreite verursacht weniger Probleme hinsichtlich der Größe von Pflegerin und Kind. Der Tisch sollte so breit sein, daß das Kind sich bequem auf den Bauch und wieder zurückdrehen kann, aber er braucht nicht so breit zu sein, daß das Kind darauf rollen und kriechen kann.

Aufgrund all dieser Überlegungen scheint uns ein Wickeltisch von 85–90 cm Breite, 65 cm Tiefe und 85 cm Höhe den durchschnittlichen Anforderungen am ehesten zu entsprechen.

Auf die Tischplatte legen wir eine 1–2 cm dicke wasserfeste Schaumstoffunterlage von gleicher Größe wie die Tischplatte und darauf eine frische Stoffwindel. Diese Unterlage ist nicht zu weich, sinkt unter dem Gewicht des Kindes nicht ein, und die Betreuerin kann sie nach der Pflege jedes Säuglings leicht säubern.

Drei Seiten des Tisches sind mit einem 15 cm hohen Gitter eingefaßt, um den sich bewegenden Säugling vor dem Herunterrollen zu schützen. Für das Kleinkind, das sich schon aufkniet und zum Stehen aufrichtet, ist ein 30–40 cm hohes Gitter, an dem es sich gegebenenfalls festhalten kann, besser geeignet.

Warum sorgen wir dafür, daß die Maße des Wickeltisches es dem Kind ermöglichen, sich auch während der Pflege frei zu bewegen? „Dafür steht ihm doch den ganzen Tag das Spielgitter oder das Zimmer zur Verfügung! Der Wickeltisch dient schließlich nicht zu Bewegungsübungen, und ein ruhig auf dem Rücken liegendes Kind kann man rascher und leichter wickeln als eines, das sich hin- und herbewegt." Das ist schon wahr, und mancher Erwachsene wird sagen: „Die zwei Minuten, bis ich das Kind gewickelt habe, kann es doch nun wirklich stillhalten." Es scheint ein eigentümlicher Widerspruch zu sein, daß wir von einem Kind, das dem Erwachsenen z. B. den Rücken zukehrt, weil es das Gitter oder die Bürste erforscht, mehr wirkliche Zusammenarbeit erwarten können als von einem gleichaltrigen, in seiner Bewegung gleichermaßen entwickelten Kind, das daran gewöhnt wurde, beim Wickeln gehorsam auf dem Rücken liegen zu bleiben oder von einem in die Rückenlage gezwungenen Kind – obwohl bei beiden in dieser Lage sogar der Blickkontakt zum Erwachsenen möglich wäre. Aber weder eine durch Gewöhnung noch eine durch Zwang dem Kind beigebrachte Lage fördert das entspannte Zusammensein, das ruhige Zwiegespräch.

Der Erwachsene hingegen kann mit etwas Übung lernen, wie man auch einem sich hin- und herbewegenden, sich auf den Bauch drehenden oder aufknieenden Kind die Windeln wechseln und es anziehen kann. Wir können beruhigt sein – der ständige Platz- und Positionswechsel sowie das Interesse für Gegenstände braucht nicht im geringsten einen Bruch in dem guten Einvernehmen zu bedeuten, und innerhalb weniger Wochen und Monate wird der unbezwingbare Drang des Kindes, die von dem Wickeltisch aus erreichbaren Gegenstände zu erforschen, nachlassen. Die Pflegerin gibt dem Kind immer wieder zu verstehen, was sie gerade mit ihm vorhat und was sie von ihm erwartet. Von Zeit zu Zeit versucht sie gegebenenfalls, seine Aufmerksamkeit auf die Pflegetätigkeit zurückzulenken.

Bild 1
Die Pflegerin bittet, auf den Hemdärmel weisend, um die Hand des Säuglings.

Bild 2
Die Pflegerin bindet die Windel des Säuglings, der sich selbst auf den Bauch gedreht hatte und ihr nun den Rücken zuwendet.

Der Umkleidetisch

Wenn das Kind schon häufiger aufsteht und das Aufstehen auch auf dem Wickeltisch probiert, ist es zweckmäßiger, wenn wir ihm auf einem niedrigeren Kindertisch die Windeln wechseln und es dort auch umziehen.

Warum? Es ist schwierig, ein auf dem Wickeltisch stehendes Kind, das den Erwachsenen überragt, zu pflegen – sein Gesicht zu waschen, es zu kämmen, die Nase zu putzen und ihm die Windeln zu wechseln. Die Pflegerin könnte das Problem so lösen, daß sie das stehende Kind hinlegt. Aber gerade das wollen wir ja nicht. Nicht bloß deshalb, weil jede erzwungene Lage – auch jene, an die sich das Kind aus Gehorsam schon gewöhnt hat – das angenehme Beisammensein stört, sondern auch deshalb nicht, weil diese Zwangslage gleichzeitig eine unnatürliche Situation schafft, der das Kind ausgeliefert ist, so als würde es in eine obere und eine untere Hälfte geteilt. Die Füße des Kindes hängen häufig vom Wickeltisch herunter, oft sieht es das Gesicht der Pflegerin gar nicht, und wenn diese mit dem Po des Kindes beschäftigt ist, geschieht dies, ohne

daß sie mit dem Kind in Kontakt ist. Der ganze Unterleib mit Anus und Geschlechtsorgan wird zu einem „Werkstück" in ihren Händen, ohne Bezug zum Kind als Ganzem, und gleichzeitig kann dieses Gebiet aufgrund seiner erhöhten Sensibilität eine übergroße Bedeutung bekommen.

Deswegen halten wir es für zweckmäßiger, für die Kinder, die schon stehen können, einen niedrigen Kindertisch statt des Wickeltisches zu benutzen. Seine Höhe ist ca. 60 cm, die Breite und Tiefe seiner Platte ca 75 x 50 cm. Auf diesem Tischchen hat das Kind keinen Platz zum Liegen, aber es kann sich darauf setzen, wenn es seine Socken oder Schuhe anzieht oder in Hemd und Hose schlüpft, im übrigen steht es darauf. Wenn wir diesen Umkleidetisch z. B. nicht neben etwas stellen können, woran sich das Kind festhalten kann, ist es zweckmäßig, an der Schmalseite des Tischchens ein Gitter anzubringen, damit es sich, während ihm die Windel gewechselt wird, festhalten kann oder um sich zu bücken oder einen Fuß anzuheben. An der Schmalseite deshalb, damit das sich festhaltende

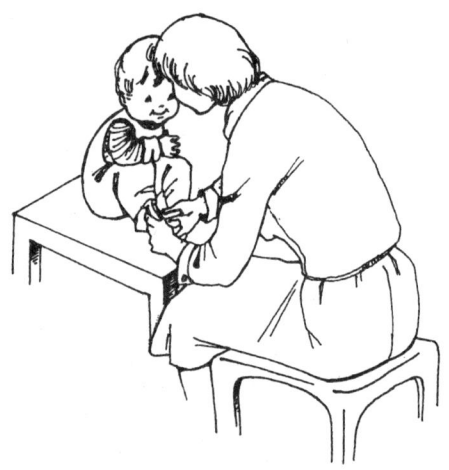

Bild 3
Die Pflegerin hilft dem auf dem Umkleidetisch sitzenden Kind, seinen Schuh anzuziehen. Sie selbst sitzt auf einem niedrigen Schemel dem Kind gegenüber.

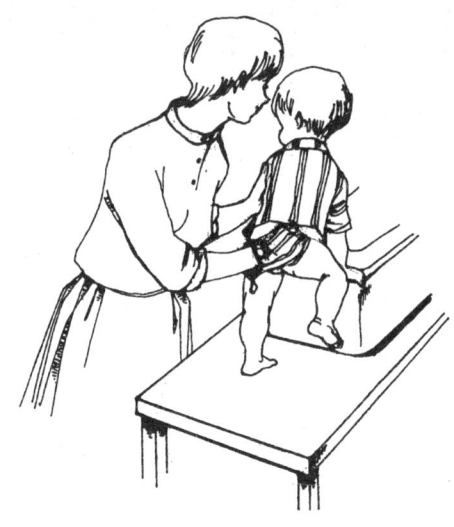

Bild 4
Das Kind steht auf dem Umkleidetisch und hält sich an der
Plastikwanne fest. Es hebt einen Fuß, damit die Pflegerin seinen Po
leichter waschen kann.

Kind der Pflegerin dadurch nicht den Rücken zuwenden muß.
Wir überziehen die Platte des Umkleidetisches mit einem
Wachstuch, das man nach der Pflege jedes Kindes säubern
kann. Eine Schaumstoffunterlage ist hier nicht notwendig.
Für das stehende oder sitzende Kind ist die Tischplatte nicht
zu hart, es genügt, wenn für jedes Kind eine saubere Stoffwindel daraufgelegt wird.

Das auf dem Boden liegende flache Kissen
Zum Versorgen und Windelnwechseln von zweieinhalb- bis
dreijährigen Kindern braucht man nicht einmal mehr einen
Kindertisch. Kinder in diesem Alter, die sich schon leicht und
rasch hinsetzen und aufstehen können, ziehen sich meistens
selbständig an, aber zum Ordnen der Hosenbeine, zum Anziehen des Hemdes, zum Anziehen der Schuhe und dem Binden
der Schnürsenkel nehmen sie noch gerne Hilfe in Anspruch.

Das Baden, das Auf-das-Töpfchen-Setzen, die Benutzung des WCs geschieht natürlich im Badezimmer; allerdings ist es auch nicht schlimm, wenn ein Kind, das gerade erst beginnt, das Töpfchen zu benutzen, sich neben der im Zimmer tätigen Pflegerin auf das Töpfchen setzt.

Ein angenehmer Augenblick im Tagesverlauf kann das gemeinsame Anziehen zu zweit oder zu dritt in Anwesenheit der Pflegerin sein. Das harte, flache Kissen leistet dabei gute Dienste. Das Kind zieht sich auf dem Kissen sitzend oder stehend an oder aus – es befindet sich also nicht mit nacktem Po oder barfuß auf dem Boden. Das auf einem bestimmten Platz liegende Kissen hat auch eine symbolische Bedeutung: Es weckt den Ordnungssinn – das Kind zieht sich nicht nach Belieben irgendwo an, wie es ihm gerade einfällt, es gewöhnt sich nicht an, wegzulaufen, und – wenn es Hilfe braucht, bekommt es sie hier auf dem Kissen von der Pflegerin.

Zum Umkleiden von großen, noch Windeln benötigenden Kindern sind also weder Wickeltisch noch Kindertisch not-

Bild 5
Zwei Kinder ziehen sich auf dem Kissen an. Das eine zieht seinen Schuh, das andere seine Hose an.

wendig. Das Kind kann auf einem Teppich oder auf dem wasserdicht überzogenen Kissen stehen. Die Pflege und das Windelwechseln des größeren Kindes kann und sollte ebenfalls ein echtes Miteinandersein bleiben. Ein solches wird zum Beispiel möglich, wenn die Pflegerin, auf einem Schemel sitzend, dem ihr gegenüberstehenden Kind beim Anziehen hilft. Während sie plaudern, kann sie es bitten, sich am Badewannenrand oder an der Wand festzuhalten, um sich z. B. nach vorne zu beugen oder einen Fuß anzuheben. Sie kann beim Anlegen der Windel um seine Hilfe bitten, daß es diese auf einer Seite festhält, während sie auf der anderen Seite die Folie zubindet. Auf keinen Fall ist es ein annehmbares Vorgehen, wenn die Pflegerin den Kopf des ihr gegenüber stehenden Kindes zu ihren Oberschenkeln beugt oder zwischen ihre Beine klemmt und dann am Hinterteil des Kindes „arbeitet". Falls dünner Stuhl verschmiert ist, ist es ratsam, Socken und Schuhe auszuziehen, das Kind in die Badewanne zu stellen und dort zu waschen. Während wir mit Nachdruck betonen,

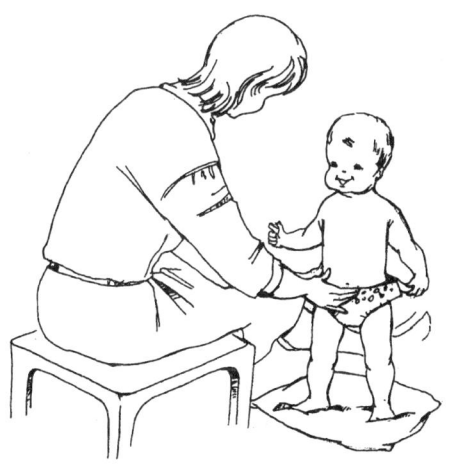

Bild 6
Das Kind steht auf dem Kissen, hält auf der einen Seite den Zipfel der Windel; die ihm gegenüber sitzende Pflegerin bindet sie auf der anderen Seite zu.

daß die Pflegerin mit dem Kind und nicht nur mit seinem Unterleib zusammensein sollte, müssen wir natürlich gleichzeitig auf die sorgsame körperliche Pflege achten. Ein roter wunder Po tut weh! Nur wenn wir die Strampel- oder Latzhose ganz ausziehen, können wir den Säugling oder das größere Kind sorgfältig waschen.

Das ältere selbständige Kind kann sich auf seinem niedrigen Bett anziehen. In diesem Fall ist es angebracht, seine Kleidungsstücke dort schon vorzubereiten.

Die vom Spaziergang – aus dem Garten oder vom Hof ein- und ausgehenden Kinder kann man auf einer auf dem Flur aufgestellten Bank umkleiden oder sich umkleiden lassen.

Echte Kooperation mit dem Säugling

Katalin Hevesi

Anhand verschiedener kurzer Situationsbeschreibungen möchte ich einige Facetten mehr oder weniger geglückter Kooperation mit dem Säugling aufzeigen. Auch die Mißverständnisse, die in der Praxis vor allem anfangs immer wieder vorkommen, können uns wichtige Hinweise geben.

In einem Säuglingsheim, dem wir beratend zur Seite stehen, habe ich zum Beispiel folgende Situation beobachtet:

Die Pflegerin setzt die einjährige Susie auf den Wickeltisch und spricht freundlich zu ihr. Susie antwortet mit dem Laut „hö", einen Moment lächeln sie einander an. Dann legt die Pflegerin Susie auf den Rücken. Während sie sie auszieht, gibt sie ihr eine Plastikdose zum Spielen. Susie betrachtet die Dose vergnügt, sie lallt und strampelt hier und da voller Freude mit ihren nackten Beinchen. Die Pflegerin wäscht ihr den Po, legt ihr eine saubere Windel an und teilt ihr mit einigen Worten auch mit, was sie tut – doch ihre Blicke treffen sich nicht. Jede ist für sich beschäftigt: Susie mit der Dose, ihre Pflegerin mit dem Wickeln der Windel. Beim Anziehen der Strampelhose bittet die Pflegerin Susie dann, ihr das Bein zu reichen. Bei diesem Satz wird ihre Stimme ausdrucksvoller, sie beugt sich ein wenig näher zu dem Kind – und wartet. Susie aber achtet weiter nicht auf sie und reicht ihr auch nicht das Bein.

In diesem Beispiel sehen wir die Kombination von verschiedenen Verhaltensweisen. Es ist bemerkenswert, daß das Kind sich zu Beginn des Wickelns interessiert der Pflegerin zuwendet und die sonst freundliche Pflegerin diese Interaktion in dem Augenblick unterbricht, als sie mit dem Ausziehen des Kindes beginnt. Sie kann sich von der gewohnten Routine nicht ganz befreien. Als sie das Kind auf den Rücken legt, die

Windel entfernt, seine Beine aufhebt usw., behandelt sie es wieder wie ein Objekt. Als sie mit der Pflege beginnt, gibt sie Susie eine Dose zum Spielen in die Hand, auf die Susie dann ihre ganze Aufmerksamkeit richtet und gar nicht mehr an der Pflegesituation und ihrer Pflegerin interessiert ist. Bei einer einzigen von ihr für wichtig erachteten Teilhandlung versucht sie erfolglos, Susie zur Mitarbeit zu bewegen. Dies ist in zweifacher Hinsicht aufschlußreich. Einerseits ist es für die Pflegerin naheliegend (weil praktisch), in diesem Moment des Anziehens ihre mechanische Behandlungsweise aufzugeben, andererseits ist das Kind nicht darauf vorbereitet, daß die Pflegerin seine Aktivität erwartet, da sie sich nur bei dieser einen Gelegenheit wirklich um sein Mitwirken bemüht.

Im Lóczy halten wir es von daher für wesentlich, daß der Säugling dem Verlauf der Pflegetätigkeiten bereits in einem Alter aufmerksam folgt, in dem er noch nicht fähig ist, sich selbständig anzuziehen, damit er eben auf diese kleinen Bewegungen aufmerksam wird, selbst wenn er noch nicht einmal mit einer winzigen Geste mithelfen kann. Sollte seine Aufmerksamkeit abweichen oder die Kette der Interaktionen aus anderen Gründen abbrechen, suchen unsere Pflegerinnen bewußt den Blick des Kindes, um damit die Beziehung wieder aufzunehmen. So beobachte ich z. B. bei unseren Pflegerinnen, daß sie, während sie zum Waschen des Gesichts einen Waschlappen hervornehmen, ihren Blick für Sekunden vom Säugling abwenden müssen, das Kind jedoch schon wieder anschauen, während sie sich aufrichten. Wenn der Säugling während des Wickelns oder Anziehens seinen Kopf wendet, spricht die Pflegerin mit ihm, indem sie seiner Bewegung folgt und sich ihm zuwendet, um seine Aufmerksamkeit wieder zu gewinnen. Beim Knoten der Windelfolie, wobei sie nicht hinzuschauen braucht, kann sie zum Beispiel die Gelegenheit nutzen, sich näher zum Säugling zu beugen und mit ihm zu plaudern, während sie seinen Blick sucht.

Bei einer solchen gegenseitigen Aufmerksamkeit ist es dann meistens so, daß das Kind beim Anziehen der Strampelhose sein Bein reicht. Die Pflegerin bemüht sich nicht gesondert, diese Bewegung des Kindes zu erreichen, sondern sie ist ein Teil der durch ihre gegenseitige Aufmerksamkeit charakterisierten gemeinsamen Tätigkeit.

Bei unseren Besuchen in Säuglingsheimen begegnen wir häufig dem Problem, daß die Pflegerin, obwohl sie das Zusammenwirken mit ihren Bewegungen und Worten einleitet und das antwortende Reagieren des Kindes abwartet, es schwer ertragen kann, wenn ihre Bemühungen nicht gleich Erfolg haben, weil das Kind nicht immer wie erwartet reagiert. Das ist der Augenblick, in dem viele wohlwollende Pflegerinnen wieder in starres, mechanisches und mehr oder weniger gewaltsames Handeln zurückfallen.

Im folgenden Beispiel möchte die Pflegerin die selbständige Aktivität des Kindes um jeden Preis erreichen. Sie bleibt zwar zugewandt, doch konnte ich an Stelle einer echten Kooperation nur deren Karrikatur beobachten:

Attila, der bisher nur auf allen vieren seinen Platz wechselt, wird von seiner Pflegerin zum Essen gerufen. Sie hat, schon während sie sein Essen vorbereitete, zu ihm gesprochen. Als sie dann in der Tür des Spielzimmers steht und ihm sein Lätzchen zeigt, ruft sie ihn, wartet – ruft ihn wieder und ermuntert ihn zu kommen. Attila aber, obwohl er aufmerkt bei dem Ruf, rührt sich nicht. Bis dahin hat die Pflegerin sinnvoll gehandelt, dann aber kann sie nicht akzeptieren, daß Attila diesmal nicht selbständig zu ihr kriechen will und daß er erwartet, von ihr geholt zu werden. Sie fährt fort, ihn von der anderen Seite seiner Spielecke aus zu rufen, hockt sich hin und winkt ihm. Attila kriecht ein wenig, dann hält er an und schaut sich um. Die Pflegerin zeigt ihm eine Rassel, schüttelt sie, und Attila kriecht wieder ein Stück; dann nimmt er eine ähnliche Rassel in die Hand und rüttelt sie auch. Schließlich geht die Pflegerin zu ihm und nimmt ihn auf.

In dieser Situation scheint es mir, als hätte die Pflegerin ihre ursprüngliche Absicht inzwischen vergessen, nämlich Attila darauf vorzubereiten, daß er gleich essen wird, und ihn darauf zu bringen, daß er sich selbständig dem Platz, wo er das tun wird, nähern kann. Ihr Verhalten hat ihm jedoch nicht geholfen, das zu verstehen, sondern das Locken mit der Rassel hat das Kind eher verwirrt. Es diente nur dazu, auf alle Fälle einige Kriechbewegungen zu erreichen, d. h. also nur die äußeren Zeichen des Kooperierens ohne dessen echten Inhalt.

Zum Schluß möchte ich an einem Beispiel verdeutlichen, was wir bei einem entsprechenden Verhalten der Pflegerin unter echter Kooperation verstehen:

Tomi, 9 Monate alt, vergnügt lächelnd, aber ein wenig träge, wird von seiner Pflegerin gewickelt. Sie zieht ihm seine Strampelhose aus, doch ihre Hand hält während der Bewegung inne. „Ziehst du bitte dein Bein heraus?" – Tomi lächelt, die Pflegerin bittet ihn nochmal und wartet – Tomi zieht sein Bein heraus. Während sie die Windel entfernt, ergreift Tomi seinen Fuß und betrachtet ihn – wendet dann aber seinen Kopf ab und lutscht am Finger. Die Pflegerin beugt sich zu ihm. „Achtest du gar nicht auf mich?" – fragt sie lachend. Das Kind zieht ebenfalls lachend seinen Finger aus dem Mund und greift nach ihrem Kleid. Inzwischen hat sie die Strampelhose in die Hand genommen, um sie ihm anzuziehen. Tomi schaut weg, sie hält das Kleidungsstück in seiner Blickrichtung vor seine Augen: „Schau mal, hier ist deine Strampelhose." Als das Kind darauf achtet, bittet sie um sein Bein. Tomi trommelt mit seinen Füßen auf den Wickeltisch. Die Pflegerin zieht ihm, sich ein wenig dem Tempo des Trommelns anpassend, die Hose an: zunächst das erste, dann auch das zweite Bein. Sie tut dies mit leichten, ununterbrochenen Bewegungen und bemerkt lächelnd: „Du sagst, ich soll deinen Fuß halten?" Sie knöpft die Strampelhose zu und holt die Hausschuhe. Tomi hebt beide Beine hoch, die Pflegerin zieht ihm einen Schuh an und sagt es ihm auch. Mit dem anderen Schuh in der Hand, hält sie inne, bittet um seinen Fuß und wartet – diesmal reicht Tomi ihn gerne.

Hier bemüht sich die Pflegerin konsequent, den Säugling an den Pflegetätigkeiten – seinem Entwicklungsgrad entsprechend – teilnehmen zu lassen. Immer wieder lenkt sie seine Aufmerksamkeit auf das, was sie gerade mit ihm tut. Sie wartet, bis das Kind das gezeigte Kleidungsstück tatsächlich wahrnimmt, und bittet es dann um eine helfende Bewegung. Falls es das nicht tut, setzt sie das Anziehen mit vollkommener Selbstverständlichkeit fort und bietet dann mit ähnlicher Unbefangenheit die nächste Möglichkeit mitzuhelfen an.

Für unsere Pflegerinnen sind auch die geringsten Zeichen der Kooperation des Säuglings wichtig, gleichzeitig sind sie aber in der Lage, verständnisvoll zu akzeptieren, wenn das Kind die angebotene Gelegenheit nicht nutzt.

Von der Flasche bis zum selbständigen Essen

Maria Vincze

I. Unsere Ziele

Das selbständige Essen ist ein wichtiger Faktor in der Sozialisation des Kindes.

Bis es dahin gelangt, gibt es einiges zu lernen: das Trinken aus dem Glas, das Essen mit dem Löffel und, nicht zu vergessen, das Kauen; auf die Sauberkeit von Kleidung und Tisch zu achten und die Tischgefährten nicht zu stören, gehört auch dazu.

Als Erwachsene ist es unsere Aufgabe, die uns anvertrauten Kinder auf dem durchaus nicht immer leichten Weg dieser Entwicklung zu führen und zu begleiten. Dieser Weg kann holprig sein, kann Windungen haben, und ab und zu müssen wir vielleicht auch ein paar Schritte zurückgehen. Unser wichtigstes Anliegen verlieren wir währenddessen nie aus den Augen: Auf welche Weise auch immer das Kind zum selbständigen Trinken und Essen gelangt – Essen und Trinken sollten ihm stets eine Quelle der Freude sein. Alles, was mit dem Essen zusammenhängt, jeden Schritt zur Selbständigkeit, ordnen wir diesem Ziel unter. Wir lassen uns nicht davon leiten, daß das Kind in einem gewissen Alter etwas „doch schon können müßte". Um einen Fortschritt handelt es sich unserer Ansicht nach bei allen neuen Schritten nur dann, wenn sich Erwachsener und Kind beim Füttern wie beim Gefüttertwerden bzw. beim Essen und Trinken auch weiterhin wohlfühlen.

Oftmals wird das Füttern bzw. Essen dagegen zu einem heiklen Punkt in der Beziehung zwischen Erwachsenem und Kind. Halten wir uns einmal vor Augen, daß die Ernährung eines Kindes, vier- bis fünfmal täglich, ein erfreuliches Ereignis für beide sein kann oder aber eine unangenehme Pflichterfüllung für den Erwachsenen und manchmal gar eine Qual für das Kind. Es wird oft unterschätzt, welch große Bedeutung diesen vier bis fünf Mahlzeiten auch für die Qualität ihrer Beziehung zukommt!

Unabhängig davon, ob das Kind im Schoße sitzend gefüttert wird oder selbständig ißt, in jedem Fall darf bei uns immer das Kind entscheiden, wieviel es zu essen wünscht. Nicht nur das grobe „Hineinstopfen" soll vermieden werden – was heutzutage wohl immer seltener vorkommt. Die Einstellung: „Das muß aufgegessen werden" halten wir für ebenso schädlich wie eine Einstellung, die dem Kind vermittelt: „Mir ist es ganz gleich, ob es dir schmeckt, wieviel du davon ißt oder ob du noch mehr willst." Achten wir auf die manchmal fast unscheinbaren Zeichen von Gleichgültigkeit und Gewaltsamkeit. Vielleicht ist es nur eine Geste – etwa wenn der Erwachsene dem Kind einfach den Teller wegnimmt. Oder es sind Formen subtiler Überredung, geschickte und manipulative Kniffe aus der Einstellung heraus: „Ich schaffe es schon noch, dich zu füttern!" Gleichgültigkeit und Gewalt treten oft gemeinsam auf – bei derselben Person können sie häufig im Wechsel beobachtet werden, die Ursache ist ja die gleiche: ein Mangel an wirklicher Zuwendung und sorgfältiger Fürsorge.

Im Folgenden möchte ich darauf eingehen, auf welche Weise wir ein Kind auf dem Weg des Selbständigwerdens unterstützen können, angefangen beim Saugen aus dem Fläschchen über das Trinken aus dem Glas, das Essen mit dem Löffel, das Essen in einem Eßbänkchen oder am Tisch sitzend bis zum gemeinsamen Essen im Kreise von Gefährten. In diesem Zusammenhang treten in Säuglingsheimen und Kinderkrippen, aber teilweise auch in der Familie, immer wieder Schwierigkeiten auf.

Eine wesentliche Voraussetzung, daß sich das Kind beim Essen wohlfühlen kann, besteht darin, daß es sein Essen möglichst von der Person erhält, die es auch sonst versorgt. Vor allen anderen ist sie es, die dem Kind die Freude am Essen ermöglichen kann. Sie ist es ja, die auch bei den Mahlzeiten seine Gewohnheiten und seinen individuellen Geschmack am besten kennt. Dabei handelt es sich immer wieder um die folgende Wechselwirkung: Bei einer Betreuerin, die das Kind nur oberflächlich kennt oder die sich um seine Bedürfnisse nicht wirklich kümmert und es mechanisch füttert, können wir nicht erwarten, daß das Kind fröhlich und mit gutem Appetit ißt. Andererseits erweckt ein unwillig und mißmutig essendes Kind beim Erwachsenen nicht das ihm wohltuende Gefühl, daß er das primäre Bedürfnis nach Nahrung auf eine dem Kind angenehme Weise befriedigen konnte.

Am Rande sei hier noch erwähnt, daß in einer Einrichtung die Vorgehensweise aller Betreuerinnen übereinstimmen muß, um die gewünschte Wechselwirkung zu erreichen und aufrechtzuerhalten. Niemand darf z. B. ohne vorherige Übereinkunft neue Gewohnheiten einführen. Auch ist es unbedingt erforderlich, daß jede Betreuerin ihre Erfahrungen – auch scheinbar unbedeutende – ihren Kolleginnen mitteilt. Es lohnt sich, diese Erfahrungen auszutauschen; auch der Rahmen von Heim oder Krippe erlaubt es, daß wir z. B. individuelle Ansprüche einzelner Kinder berücksichtigen.

II. Die Entwicklung der Selbständigkeit

Auf seinem Weg zum selbständigen Essen und Trinken legen wir also vor allem Wert darauf, daß dem Kind die Freude am Essen immer erhalten bleibt. Obwohl es der Erwachsene ist, der dem Kind Neues anbieten wird wie z. B. ein Stück Gemüse zum Kauen, wo es bisher nur Püriertes bekam, tut er dies nur im Einklang mit ihm. Er rechnet mit der Kompetenz des Kindes und schaut, ob es das Angebot annehmen möchte.

a) Stillen und Trinken aus der Flasche
Schon das Neugeborene vermag aus einem Glas oder von einem Löffel zu schlürfen. Doch die natürliche und erfreulichste Art, Nahrung aufzunehmen, ist das Trinken an der Mutterbrust.

Brustkinder brauchen die Flasche gar nicht unbedingt kennenzulernen.

Im Lóczy geben wir den Säuglingen, die zu uns kommen, wenn möglich Muttermilch aus der Flasche und – da hiervon oft nicht ausreichend zu bekommen ist – zusätzlich ein Milchpräparat. Es ist nicht zu befürchten, daß diese Kinder später von der Flasche nur schwer entwöhnt werden können, wenn wir immer darauf achten, daß die Entwöhnung ebenso langsam und schonend vorgenommen wird wie die Entwöhnung von der Brust.

Wird ein Kind mit der Flasche ernährt, ist die Wahl des Saugers wichtig. Ein geeigneter Sauger ist der Brustwarze nachempfunden. Das Loch des Saugers sollte nicht zu groß sein, so daß der Milchstrahl nicht zu breit ist und der Säugling ruhig schlucken kann, aber es sollte auch nicht so klein sein, daß das Saugen der Milch zu anstrengend wird.

Wir halten es für wünschenswert, daß der Säugling fünfzehn bis zwanzig Minuten lang in Ruhe trinken kann und nicht, daß er den Inhalt der Flasche möglichst schnell leert. Aus diesem Grund ist es wichtig, daß die Betreuerin beim Füttern wirklich bequem sitzen kann. Dafür ist es hilfreich, daß ihr Arm, in dem das Kind ruht, von einer Armlehne unterstützt wird und ihre Füße auf dem Boden oder einem Fußbänkchen ruhen können. Kopf und Rumpf des Säuglings werden auf diese Weise mühelos von ihrem Arm unterstützt, wobei sie darauf achtet, daß er seine Arme und Hände frei bewegen kann.

Das Neugeborene kommt zwar mit einem Saugreflex auf die Welt, doch dauert es einige Zeit, bis sich Mutter und Kind beim Stillen so aneinander gewöhnt haben, daß dies friedlich und ungestört verläuft.

Auch das Füttern aus der Flasche ist nicht immer ganz einfach. Manche Säuglinge schlafen öfter einmal mit der Flasche im Mund ein. Andere haben Schwierigkeiten, bis es ihnen gelingt, den Sauger in den Mund zu nehmen, eventuell nehmen sie den Finger neben dem Sauger in den Mund. Es gibt Säuglinge, die gierig saugen und dabei so viel Luft schlucken, daß man sie im Laufe des Stillens öfter aufstoßen lassen muß, damit sie das Trinken fortsetzen können. Andere wiederum dulden es nicht, daß man das Trinken auch nur ein einziges Mal unterbricht, um sie zwischendurch ein wenig ausruhen zu lassen.

b) Glas und Löffel
Unabhängig davon, ob der Säugling gestillt wurde oder aus der Flasche trinkt, geben wir ihm, sobald er Tee oder Obstbrei be-

kommt, beides von Anfang an aus einem Glas oder mit dem Löffel. Dadurch ist das Glas – wenn eine Flaschenmahlzeit allmählich, d. h. innerhalb von vier bis sechs Wochen, auf Milch aus dem Glas umgestellt wird – bereits nicht mehr fremd für das Kind. Bei der Einführung von Gemüse sind dem Kind dann Glas und Löffel schon vertraut, und es hat nicht die doppelte Aufgabe, sich neben dem Geschmack und der Konsistenz des Gemüses auch noch mit dem Löffel anzufreunden.

In dieser Übergangsperiode der Entwöhnung kann also das Kind innerhalb einer Mahlzeit Milchnahrung aus der Brust bzw. Flasche, Gemüse mit dem Löffel und Obst aus dem Glas zu sich nehmen. Die Reihenfolge während einer Mahlzeit hängt vom Kind ab: Viele Kinder essen das Gemüse geduldiger, wenn sie ihren ersten Hunger schon mit Milch oder Obst stillen konnten.

Wenn das Essen mit dem Löffel schon gut geht, können wir einige Wochen später eine weitere Brust- bzw. Flaschenmahlzeit auf Gemüse, Obst und Brei umstellen. Etwa im Alter von elf bis zwölf Monaten kann man allmählich auch die Flasche in der Frühe durch Milch aus dem Glas ersetzen. Es hat sich

als sinnvoll erwiesen, zunächst bei der Mittagsmahlzeit, dann am Abend und zuletzt bei der Morgenmahlzeit die Brust bzw. Flasche durch Glas bzw. Löffel zu ersetzen.

Anfangs benutzen wir Mokkalöffel, später, wenn der Säugling schon größere Bissen schluckt, nehmen wir Teelöffel; besonders geeignet sind auch Eierlöffel.

Wie nun schon öfter erwähnt, bieten wir im Lóczy dem Kind schon frühzeitig sein Essen oder Trinken aus einem Glas an, was sonst ja allgemein eher unüblich ist. Wir haben die Erfahrung gemacht, daß das Trinken und spätere Essen aus dem Glas Vorteile für den Prozeß des selbständigen Essenlernens des Kindes bietet und ein Glas auch für die Betreuerin handlicher ist, solange sie das Kind noch auf ihrem Schoß füttert.

Der junge Säugling trinkt am leichtesten aus einem kleinen Glas, dessen Rand nach außen gewölbt ist; die Flüssigkeit fließt mit schmalerem Strahl heraus und läßt sich so besser lenken. Wenn der Säugling schon gut trinkt, geben wir ihm Milch und Obst aus einem größeren Glas. Das häufige Nachgießen könnte ihn ungeduldig machen.

Auch das Gemüse ist leichter aus einem Glas zu füttern. Während der Säugling vom linken Arm unterstützt wird, hält

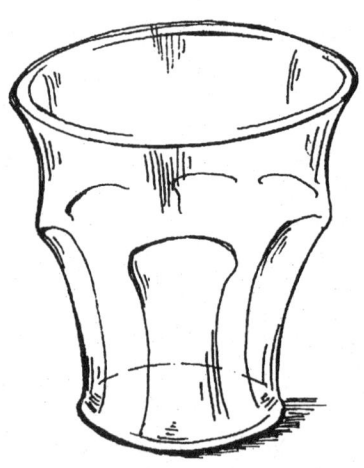

der Erwachsene das Glas in der linken Hand (siehe Bild oben); so geht das Füttern leichter, als wenn Glas oder Schüssel auf dem Tisch stehen würden.

Außerordentlich wichtig ist es uns auch, daß der Säugling von Anfang an die Möglichkeit hat, beim Essen oder Trinken aktiv mitzuwirken. Aus diesem Grunde achten wir z. B. darauf, daß wir seine Arme während des Fütterns nicht in ihrer Bewegungsfreiheit einschränken, so daß er das Glas anfassen kann. Wir zeigen dem Säugling das Glas, bevor wir ihm zu trinken geben bzw. halten jedesmal den Löffel so, daß er ihn sehen kann, bevor wir ihn zu seinem Mund führen. Auf diese Weise ermöglichen wir dem Kind, seinen Mund schon beim Anblick des Löffels zu öffnen. Es kann sich darauf einstellen. Wir passen uns bei der Mahlzeit dem unterschiedlichen Tempo und Rhythmus des jeweiligen Kindes an. Mit der Zeit haben wir bei jedem Kind ein immer klareres Gefühl dafür, wie weit man das Glas neigen muß, wieviel Gemüse oder Obst wir auf den Löffel nehmen und wie lange wir warten müssen, bis wir den nächsten Löffel geben können. Es gibt Kinder, die gerne langsam und gemütlich essen und solche, die ungeduldig werden, wenn der nächste Löffel nicht blitzschnell folgt. Und natürlich gibt es auch beim einzelnen Kind Veränderungen.

Wie achtsam und stufenweise wir auch immer vorgehen, Schwierigkeiten können trotzdem auftreten. Wir helfen dem Kind nicht, wenn wir den Standpunkt einnehmen: „Früher oder später wird es sich schon irgendwie an Löffel und Glas gewöhnen." Zwar lernt jedes Kind tatsächlich früher oder später den Umgang mit Löffel und Glas, doch halten wir es nicht für bedeutungslos, um welchen Preis dies gelingt. Wagen wir es, wenn es nötig erscheint, einen Schritt zurückzugehen! Wenn wir nach mehreren Versuchen sehen, daß das Kind einer neuen Art des Fütterns abgeneigt ist, kehren wir zur vorigen zurück, vom Löffel zum Trinken aus dem Glas, vom Glas zur Flasche. Wenn sich der Säugling also dem Gebrauch des Glases oder – was öfter vorkommt – des Löffels widersetzt, kehren wir im letzteren Fall z. B. ruhig zum Glas zurück und machen den nächsten Versuch vielleicht erst zwei bis drei Wochen später.

Oft ist es aber gar nicht so leicht zu unterscheiden, ob der Säugling, der die mit einem Löffel angebotene Speise ungern annimmt, gegen die Art des Fütterns oder gegen die Speise protestiert.

Probieren wir doch Verschiedenes aus: das Gemüse wärmen oder kühlen, es verdünnen oder süßen oder die Reihenfolge der Speisen ändern. Vielleicht nimmt das Kind das Gemüse z. B. lieber, wenn es vorher Milch aus der Flasche oder Obst aus dem Glas getrunken hat. Erst wenn wir den Eindruck gewonnen haben, daß das Kind nicht das Gemüse oder die Art des Fütterns ablehnt, sondern den Löffel an sich, geben wir das Gemüse und natürlich auch das Obst erst einmal wieder einige Zeit aus dem Glas, bevor wir einen neuen Versuch unternehmen.

Manchmal kommt es auch vor, daß der Säugling sich so ungeschickt verhält, daß das Füttern einfach sehr schwierig wird. Er hebt zum Beispiel die Zunge, legt seinen Mund nicht ganz an das Glas an, oder er berührt den Löffel nicht mit den Lippen usw. Kehren wir auch in solchen Fällen lieber zur gewohnten und geglückten Art des Fütterns zurück, statt das Neue unrichtig einzuüben. Bei gemütlichen, langsam essenden Kindern, bei solchen, die gerne am Finger lutschen oder schnell sehr ungeduldig werden, kommt es häufig vor, daß sie zwischen zwei Löffeln einen Finger in den Mund nehmen oder sich von Zeit zu Zeit abwenden. Oft ist es schwer einzuschätzen, ob dies das normale Tempo des Kindes ist oder ob es das Essen beenden will. Man sollte dem Kind in solchen Situationen nicht die Finger aus dem Mund nehmen oder ihm mit dem Löffel folgen, wenn es sich abwendet, um ihm doch noch einen Löffel in den Mund zu schieben; auch sollte man nicht versuchen, seinen Kopf zurückzudrehen oder mit kleinen Stößen gegen den Mund bzw. das Gesicht zu erreichen suchen, daß es sich zurückwendet. Vielmehr sprechen wir das Kind an und zeigen ihm den vollen Löffel. Die Speise geben wir ihm aber erst dann, wenn es sich zurückwendet und den

Finger von sich aus aus dem Mund herausnimmt und uns dadurch zeigt, daß es bereit ist, weiterzuessen.

Auch ein mit seinen Händen hastig hin und her greifendes Kind kann das Füttern erschweren. Beim Trinken grapschen solche Kinder z. B. gerne häufig nach dem Glas, manchmal umfassen sie es auch richtig. Wenn sie nach dem Löffel greifen, ist es beinahe unmöglich, sie zu füttern. Also freuen wir uns zwar, wenn sie ihre Hände an das Glas legen, um daraus zu trinken, begünstigen aber das Anfassen des Löffels nicht. Für das Kind ist es schwierig zu verstehen, daß es – solange es im Schoße sitzend ißt – das Glas anfassen darf, nicht aber den Löffel. Es ist keine Hilfe, ihm einen zweiten Löffel in die Hand zu geben. Wenn das Kind „nichts mit seiner Hand anfangen kann", wenn es sehr unruhig und ungeduldig ist und hastig herumgreift, lassen wir es lieber das Gemüse und Obst noch weiterhin aus dem Glas trinken, vielleicht sogar für Monate.

c) Trinken und Essen im Eßbänkchen

Das Kind hat einen wesentlichen Schritt zur Selbständigkeit getan, wenn es seine Mahlzeiten nicht mehr auf dem Schoß einnimmt.

Viele Gründe sprechen dafür, daß das Kind nicht an einem Tisch, sondern im Eßbänkchen die Schwierigkeiten des selbständigen Essens meistern lernt. Die Vorteile werden im nächsten Abschnitt noch ausführlicher erläutert werden.

Wenn wir den Eindruck haben, daß das Kind reif genug ist, um das selbständige Trinken im Eßbänkchen zu probieren, bieten wir ihm dazu Gelegenheit. Vorbedingungen dafür sind, daß das Kind sicher sitzen kann, ohne sich abstützen zu müssen, es sich also nicht nur von sich aus aufsetzt, sondern sich auch im Laufe des Spielens auf etwas setzt. Außerdem sollte es fähig sein, selbständig mit beiden Händen das Glas zu halten, zum Mund zu neigen und zu trinken. Es sollte auch in der Lage sein zu verstehen, was man von ihm möchte.

Einige Tage vor dem geplanten Versuch stellen wir das Eßbänkchen für das Kind gut sichtbar im Spiel- oder Pflegeraum auf, so daß es probieren kann, sich hineinzusetzen.

Schauen wir, ob es das Eßbänkchen gerne annimmt. Wir sagen ihm, wozu das Eßbänkchen dient, und wenn uns der Zeitpunkt angebracht zu sein scheint, erklären wir ihm, was wir von ihm wünschen und stellen ihm sein Frühstück auf den Tisch.

Wir setzen es nicht in die Bank, sondern warten, bis es sich selbst hineinsetzt – auch dann, wenn es sich eventuell noch krabbelnd fortbewegt. Falls es sich zwar in die Bank setzt, aber das Glas dort noch nicht ergreift, geben wir ihm weiterhin auf dem Schoß zu trinken.

Ist alles gut gegangen, können wir ihm nach einigen Wochen auch eine der Gemüsemahlzeiten im Eßbänkchen anbieten. Das selbständige Essen mit dem Löffel ist für das Kind allerdings viel größeres Neuland als das selbständige Trinken. Den meisten Kindern bereitet das selbständige Trinken kein besonderes Problem – sie haben ja auf dem Schoß der Pflegerin schon selbständig getrunken. Die Technik des selbständigen Essens mit dem Löffel dagegen müssen sie erst erlernen.

Es kann durchaus vorkommen, daß ein im Eßbänkchen sitzendes und selbständig trinkendes Kind noch ein bis zwei weitere Monate lang von der Pflegerin auf dem Schoß gefüttert wird.

Die Kinder brauchen verschieden lange, um sich die richtige Technik, mit dem Löffel zu essen, anzueignen. Wie können wir das Kind dabei unterstützen?

Lassen wir es nicht alleine, vielleicht mit dem Gedanken: „Soll es sehen, wie es weiterkommt." Es ist aber auch keine Hilfe, wenn wir seine „ungeschickten Versuche" verhindern oder vorschnell unterbrechen und es dann selbst füttern, anstatt es zu ermutigen oder ihm mehr Zeit zum Probieren zu lassen. Schalten wir auch nicht die Aktivität des Kindes aus, indem wir seine löffelführende Hand ergreifen, damit von dem Gemüse nehmen und so den Löffel zum Mund des Kindes führen.

Eine Hilfe ist es vielmehr, wenn wir das Kind in Ruhe probieren lassen und es so im Laufe seiner Experimente selber lernen kann, wie man eigentlich mit dem Löffel ißt. Wir helfen ihm auch dadurch, daß wir ihm wiederholt sagen und zeigen, wo wir den Löffel anfassen, daß wir nicht zu viel darauf nehmen und den Löffel nicht schon vor dem Mund umkippen. Wenn das Essen viel zu langsam vor sich geht, oder das Kind während seiner Versuche ungeduldig wird, weil es seinen Hunger kaum oder nur langsam stillen kann, können wir die „Zwei-Löffel-Methode" versuchen: Wir füttern das Kind mit einem Löffel und lassen es während derselben Mahlzeit mit seinem eigenen Löffel experimentieren.

Ein Kind, das beginnt, selbständig zu essen, beansprucht viel Aufmerksamkeit, Zeit und Geduld. Aus diesem Grund sollte sich die Betreuerin jeweils nur mit einem Anfänger beschäftigen und mit dem nächsten erst dann, wenn das erste im selbständigen Essen schon gewisse Fortschritte gemacht hat. Sie könnte leicht ungeduldig oder unruhig werden, wenn nach einem viel Zeit in Anspruch nehmenden Anfänger noch andere Kinder warten, die auch gerade erst mit dem selbständigen Essen beginnen.

Das Lóczy-Eßbänkchen

Das Lóczy-Eßbänkchen ist für ein Kind, das selbständig essen lernt, besonders zweckmäßig. Es ist ab etwa anderthalb Jahren geeignet.

Die kindgerechten Maße des Eßbänkchens erlauben es, daß die Füße des Kindes beim Sitzen auf dem Boden ruhen können. Falls das Kind jedoch noch besonders klein ist, kann der Boden zusätzlich durch ein Brett erhöht werden.

Die Lehne des Eßbänkchens dient der Sicherheit des Kindes, damit es nicht nach hinten fällt, wenn es sich anfangs beim Trinken mit dem Oberkörper zurücklehnt.

Der mit der Bank fest verbundene Tisch rutscht während der Mahlzeit nicht hin und her, kippt nicht, fällt nicht um, und die Höhe der Tischplatte entspricht der Größe der Kinder, d. h. der ein wenig gebeugte Unterarm eines aufrecht sitzenden Kindes kann lose aufliegen. Ein weiterer Vorteil ist die recht schmale Sitzfläche: Dadurch kommt das Kind auf seinen Sitzhöckern zu sitzen, was ein müheloses und aufrechtes Sitzen ermöglicht. Die Tischplatte befindet sich nicht zu weit weg vom Kind, aber auch nicht so nahe, daß sein Brustkorb ihren Rand berühren und es dadurch eingeengt würde.

Es ist keine gute Gewohnheit, ein Kind so zu setzen, daß seine ganzen Oberschenkel – manchmal selbst noch die Unterschenkel – auf der Sitzfläche des Stuhles aufliegen, damit es die Stuhllehne mit dem Rücken erreichen kann. Dann wird zu alledem der Tisch häufig ganz nahe herangeschoben und der Brustkorb des Kindes auf diese Weise an die Tischplatte gedrückt. Wie kann es zu einer solch unbequemen und ungesunden Sitzart kommen, die leider sehr verbreitet ist? Möglicherweise aus der Hoffnung des Erwachsenen, daß auf diese Weise Kleidung und Fußboden sauber bleiben, vielleicht auch nur aus übernommener Gewohnheit.

Zum Lätzchen
Einem Kind, das selbständig zu essen beginnt und daher noch alles verschmiert, binden wir ein großes, auch die Knie bedeckendes, wasserundurchlässiges Lätzchen (ohne Tasche) um, und darüber ein kleineres, das Flüssigkeit gut aufzusaugen vermag. Den Rand des Lätzchens stecken wir nicht unter den Teller, denn das Kind lernt dadurch nicht, sauberer zu essen, sondern wird nur an seiner freien Bewegung gehindert.

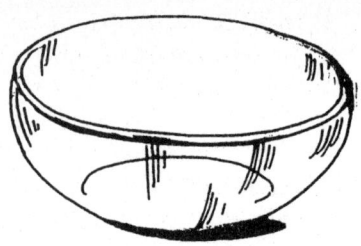

Glas-Schüsselchen-Löffel
Zum Trinken von Milch oder Obstbrei ist jetzt ein größeres Glas mit nach außen gewölbtem Rand besonders geeignet. Anfangs füllen wir es nicht ganz.

Gemüse kann das Kind, das selbständig mit dem Löffel zu essen lernt, am leichtesten aus einem nicht zu großen Schüsselchen mit etwas höheren Seitenwänden auf den Löffel bekommen. Aus einem flachen Teller oder selbst aus einem Suppenteller ist es weitaus schwieriger zu essen und Reste zusammenzukratzen.

Es kommt vor, daß ein auf dem Schoß sitzendes Kind das Glas auch mit der Zeit nicht anfaßt und selbständig daraus zu trinken lernt. Dennoch kann es uns reif genug erscheinen, das Trinken in der Bank zu versuchen. Probieren wir es! Es kann durchaus sein, daß es, in der Bank sitzend, ohne jede Schwierigkeit von sich aus selbständig zu trinken beginnt.

Ein Kind, das selbständig mit dem Löffel zu essen anfängt, verschmiert häufig noch alles derart, daß von der Speise kaum etwas bis in seinen Mund gelangt – entweder es nimmt zuviel auf den Löffel oder es schwingt ihn nach hinten, läßt die Speise am Lätzchen entlangfließen oder dreht den Löffel vor dem Mund nach außen usw.

In solchen Fällen können wir neben der „Zwei-Löffel-Methode" versuchen:
- weniger Speise auf einmal in das Schüsselchen zu geben, denn mit weniger wird es vielleicht besser und geschickter umgehen können.

- das Kind im Eßbänkchen sitzend zu füttern, wenn es die Bank dem Schoß vorzieht, eventuell für einige Wochen, bis es dort erneut selbständig zu essen versucht.

Wie in allen Phasen des Selbständigwerdens führen und begleiten wir das Kind auch beim Essen- und Trinkenlernen behutsam in seiner Weiterentwicklung – mit großer Flexibilität unsererseits –, immer mit der Möglichkeit, auch einen Schritt zurückzugehen. All dies ist besonders wichtig, nicht nur weil etwas Schwieriges zu lernen ist, sondern weil das selbständige Essen gleichzeitig auch ein Schritt der Lösung vom körperlichen Kontakt zum Erwachsenen ist.

Wir halten es an dieser Stelle auch für wichtig zu erwähnen, daß wir niemals eine Babywippe benutzen. Der Schoß der Betreuerin gibt dem Kind so viel mehr als der bloße Augenkontakt – Intimität, Wärme und eine andere Qualität von Beisammensein.

Manchmal möchte ein Kind, das schon selbständig im Eßbänkchen ißt, doch noch einmal zurück auf den Schoß der Pflegerin. Verweigern wir ihm das nicht!

Wirkliche Unterstützung in dem Prozeß des selbständigen Essenlernens im Eßbänkchen kann der Erwachsene dem Kind auch dadurch geben, daß er sich währenddessen aufmerksam zu dem Kind dazusetzt und versucht, das angemessene Gleichgewicht zwischen Zurückhaltung und Hilfestellung zu finden.

d) Schwierigkeiten beim Kauen

Schwierigkeiten beim Kauen sind nicht selten. Das Kind mag noch nicht richtig kauen können oder wollen, vielleicht nimmt es Speisestückchen, Brot oder Apfel nicht an – oder es kaut endlos darauf herum, sammelt die Bissen in seinem Mund und spuckt sie schließlich aus. Es ist zweckmäßig, solchen Schwierigkeiten durch bewußte, rechtzeitige Unterstützung des Kauens vorzubeugen. Was die Bewegung der Kiefer betrifft, ist das Knabbern mit dem Gaumen eine dem Kauen ähnliche Aufgabe. Dem auf seinem Bauch sicher liegenden

Säugling können wir im Bett ein Stückchen Brotrinde oder geröstetes Brot zum Knabbern geben, im Schoß der Pflegerin ist dazu meistens keine Zeit. Das ist aber noch kein Kauen. Zum Kauen ist das Kind erst dann fähig, wenn es schon Backenzähne bekommen hat. Im Alter von ungefähr anderthalb Jahren hat die Mehrzahl der Kinder die ersten vier Backenzähne.

Wie immer bei der Einführung von etwas Neuem widmen wir uns auch beim Erlernen des Kauens nur einem Kind auf einmal. Es bekommt z. B. ein Stück gekochte Rübe zu dem passierten Gemüse gelegt und mitgeteilt, daß diese nun zum Kauen ist. Wenn es mit dem Kauen von einzelnen Stücken gut zurechtkommt, können wir den Gemüsebrei mit der Zeit zunehmend auf unpassiertes Gemüse umstellen. Ebenso können wir mit weichem Obst, z. B. Pfirsichen oder Bananen, verfahren. Wenn das Kind sogar gegen das Kauen von einem einzigen Stück Gemüse oder Obst protestiert – es wegschiebt oder in einem Stück schluckt – halten wir inne. Wenn das Kauen hingegen gutgeht, gewöhnen wir die Kinder im Alter von ungefähr zwei Jahren – wenn die Kinder im allgemeinen schon eine geschlossene Zahnreihe von 16 Zähnen haben – an das Zerkauen von etwas härterem Obst, roher Mohrrübe und Kohlrabi.

Wenn das Kind gegen Speisestückchen protestiert oder den Bissen im Mund behält, kehren wir zu breiigen Speisen zurück – möglicherweise sogar für Monate. Obwohl gutes Kauen sehr wichtig ist, ist es sinnlos und schädlich, es forcieren zu wollen.

e) Das übermäßig essende Kind

In der Familie ebenso wie in einer Einrichtung kann ein übermäßig essendes Kind zur Sorge Anlaß geben, wenn es grenzenlos und vielleicht auch wahllos Essen in sich hineinstopft, als wäre es immer ausgehungert. Es gibt unter diesen Kindern dicke, zum Dickwerden neigende, aber durchaus auch magere Kinder.

Es ist in der Regel leichter, einem schlecht essenden Kind zu helfen, seinen Appetit wiederzufinden, als das Essen eines übermäßig essenden Kindes in normale Bahnen zu lenken.

Aus unserer Erfahrung möchten wir zwei Hinweise geben:

1. Das übermäßig essende Kind sollte nie verhöhnt oder ausgelacht werden. Man sollte es nicht „Dickerle" nennen oder ihm andere freundlich erscheinende Namen geben, die mit seinem Essen bzw. seinem Körperbau zusammenhängen, sich also über seine reichliche Esserei nicht lustig machen. Sie sollte auch kein Gesprächsthema in Gegenwart des Kindes sein. Im Rahmen der Möglichkeiten und der normalen Grenzen sollten seinem Essen keine Schranken gesetzt werden, nehmen wir zur Kenntnis, daß das Kind sehr viel ißt.

2. Das bedeutet aber nicht, daß wir uns wegen seiner Gier nicht zu sorgen brauchten. Die Sorge ist berechtigt. Aber nicht wegen seiner Ernährung, sondern des Kindes wegen! Wir müssen zur Kenntnis nehmen, daß das übermäßige Essen des Kindes nur ein Symptom dafür ist, daß ihm ansonsten etwas fehlt, so wie z. B. mancher Erwachsene im Falle einer Depression im Essen Trost zu finden sucht.

Im Lóczy helfen wir der Betreuerin, die Beziehung zum Kind näher anzuschauen und verstehen zu lernen, was dem Kind wirklich fehlt. So wird es für das Kind mit der Zeit überflüssig werden, im Essen Entschädigung zu suchen.

Von seiner Zurechtweisung oder der Reduzierung seiner Portion können wir höchstens eine weitere Verschlimmerung seines Verhaltens bzw. Zustandes erwarten.

Von den Händen der Pflegerin

Anna Tardos

Berührt zu werden gehört allein schon durch die Pflege zum alltäglichen Leben des Babys. Durch die Art und Weise der Berührung bekommt es wichtige Botschaften über Nähe, Liebe und Achtsamkeit, die mit Worten nur schwer übermittelt werden können.

Ein Säugling, aber auch ein Kleinkind, ist auf den Schutz und die Hilfe des Erwachsenen angewiesen und ist so weitestgehend von ihm abhängig und sehr empfindlich für die Art und Weise, wie es berührt wird. Stellen wir uns einmal vor, wie groß die pflegenden Hände des Erwachsenen in Relation zum Körper des Säuglings sind. Stellen wir uns vor, es würde

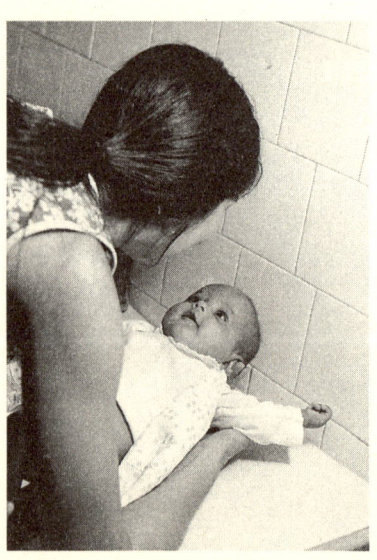

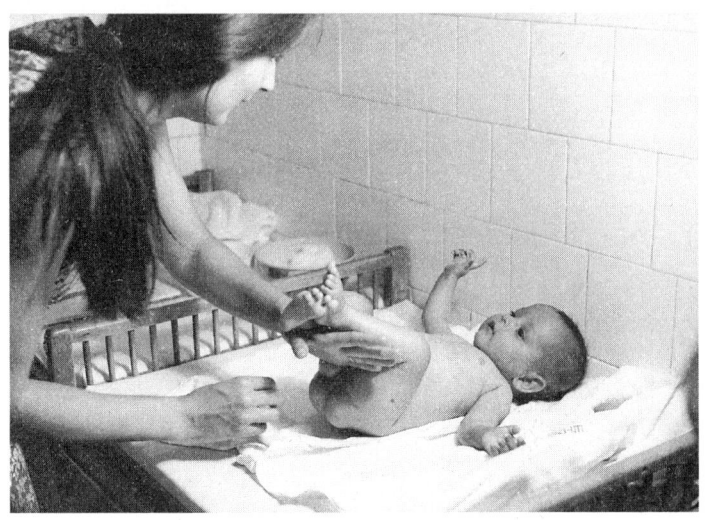

uns jemand betreuen, dessen Hände so groß sind wie unser ganzer Rücken.

Berührung ist nicht unbedingt liebevoll und respektvoll, sondern kann auch unangenehm oder sogar bedrohlich sein. Auch Erwachsene erleben achtlose, aggressive Nähe und Berührung als unangenehm und können davor zurückschrecken.

Warum ist es wichtig, dies hier anzusprechen? Der Erwachsene trägt den Säugling, z. B. pflegt ihn, und während alledem berührt er ihn mit seinen Händen. Dabei kommt es nicht selten vor, daß nicht darauf geachtet wird, wie man ihn berührt und so auch nicht bemerkt, wenn ihm dies unangenehme Empfindungen verursacht. So kann es geschehen, daß der Säugling gleichzeitig eine freundliche Zuwendung und eine unangenehme Berührung erlebt. Diese sich widersprechenden Botschaften können ihn verwirren, unsicher oder auch mißtrauisch machen.

Der Säugling und das Kleinkind bringen durch ihr ganzes Verhalten zum Ausdruck, was sie empfinden, während der Erwachsene ihren Körper, den Kopf oder einzelne Glieder

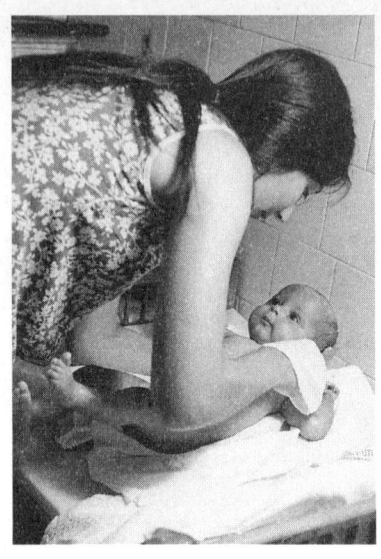

berührt oder bewegt. Ist ihm die Berührung angenehm, schmiegt sich schon das Neugeborene in die Hände, die es umfassen. Wenn der Säugling auf eine ihm angenehme Weise gepflegt wird, fühlt er sich während des Wickelns, Badens, An- und Ausziehens wohl und wird sich allmählich entspannen. Er bereitet sich sozusagen selbst darauf vor, aufgehoben zu werden, er entspannt schon im voraus die Gliedmaßen, die als nächstes beim Baden oder Anziehen an die Reihe kommen und setzt die vom Erwachsenen begonnenen Bewegungen kooperierend fort.

Ist sein Erlebnis der Hände des Erwachsenen jedoch häufig mit unangenehmen Erfahrungen verbunden, wartet er vielleicht mit passiver Schlaffheit oder mit krampfhaftem Widerstand das Ende des Ausziehens, Wickelns und Anziehens ab. Auch wenn es von der Hand des Erwachsenen plötzlich und unerwartet berührt wird, zuckt das Neugeborene meistens erschreckt zusammen.

Im folgenden werde ich mehrere oft vorkommende und sich wiederholende Bewegungen beschreiben, mit denen der

Erwachsene, ohne es zu wollen, unangenehme und manchmal sogar schmerzhafte Erlebnisse verursacht. Dies kommt häufiger in einigen Krippen, Heimen oder Krankenhäusern vor, aber manchmal auch in der Familie. Die folgenden Beispiele können vielleicht helfen, diese Phänomene deutlicher wahrzunehmen, so daß man sich ihrer bewußt werden kann.

Das allgemeine Befinden des Kleinkindes hängt in hohem Maße davon ab, wie der Erwachsene es anfaßt. Die Erfahrungen der in Einrichtungen lebenden Kinder sind diesbezüglich leider noch immer nicht beruhigend.

Wenn der Erwachsene z. B. die natürliche, spontan eingenommene Lage des Kopfes, der Arme oder Beine des Kindes verändern möchte, um z. B. die Körperfalten zu säubern, und nicht abwartet, daß ihm das Kind diese Glieder überläßt, indem es seine Muskeln entspannt, wird er dies nur nach Überwindung von Widerstand erreichen. Dazu benötigt er dann oft recht beträchtlichen Kraftaufwand. Auf diese Weise werden die Bewegungen des Ewachsenen für das Kind hart und gewaltsam.

Ein weiterer Anlaß des Unbehagens für den Säugling ist häufig die Störung seines Gleichgewichtes. Als Folge der fehlenden Unterstützung seines Kopfes, während er aufgenommen wird, bemüht sich der Säugling in den ersten Monaten oft krampfhaft, die unkoordinierten Bewegungen seines Kopfes zu verhindern.

Eine andere Quelle unangenehmer Erfahrung für den Säugling können die schlecht eingeübten, routinemäßig gewordenen Bewegungen des Erwachsenen sein. Eine Pflegerin nimmt täglich mehrere Säuglinge auf, legt sie auf den Wickeltisch, wickelt sie, füttert sie, legt sie zurück in ihr Bett oder an den Ort, wo sie spielen. Die ständige Wiederholung der Situationen und Handlungen kann sich negativ auf die Qualität ihrer Bewegungen auswirken.

Die sich im Laufe eines Arbeitsganges oft wiederholenden Bewegungen verkürzen sich in der Regel, sie werden schneller und leicht mechanisch. Das kennt man z. B. auch von geübten Stenotypistinnen, Laborantinnen oder Weberinnen, die einen

Teil ihrer Arbeit mit flinken Bewegungen erfolgreich ausführen, ohne auf Einzelheiten achten zu müssen.

Auch die Aufgabe der Pflegerin wird erleichtert, wenn sie einen Teil ihrer Bewegungen zügig ausführen kann. Wenn sie z. B. Handlungen wie das Zusammenstellen der zum Wickeln und Umziehen des Kindes notwendigen Kleidungsstücke, das Binden der Windel geschickt und rasch erledigen kann, wird ihre Aufmerksamkeit nicht mehr durch die Technik dieser Handlungen in Anspruch genommen.

Werden jedoch die Bewegungen, die unmittelbar mit dem Kind in Beziehung stehen, schnell und mechanisch, behandelt sie es gleichsam wie einen Gegenstand, bedeutet dies eine ernsthafte Gefahr.

Rasche mechanische Bewegungen ermöglichen nicht – sie schließen es sogar aus –, daß sich das Kind auf das, was mit ihm geschieht, vorbereiten und aktiv daran teilnehmen kann. Einige Routinebewegungen haben sogar den Zweck, die Aktivität des Kindes zu verhindern, um die Pflege zu beschleunigen. Diese Bewegungen enthalten in der Regel gewaltsame Elemente und verhindern, daß sich der Säugling oder das Kleinkind während der Pflege wohlfühlen können. Zudem sind während solch rascher Bewegungen meist auch Möglichkeiten zu anderen Formen der Beziehung zwischen dem Kind und seiner Pflegerin, z. B. der Blickkontakt, völlig ausgeschlossen.

Die Art, wie der Erwachsene mit dem Kind umgeht, vermittelt ihm viele Botschaften. So sind rasche, harte Bewegungen gleichzeitig Vermittler von Unaufmerksamkeit, Ungeduld, manchmal auch Gleichgültigkeit und drücken kein Mitgefühl aus. Solche Erlebnisse behindern eher die Entstehung einer Beziehung.

Eine andere Situation: Während der Pflege bringt der Erwachsene den Säugling manchmal völlig unerwartet vom Sitzen in die Rückenlage, ohne ihm vorher zu sagen, was mit ihm geschehen wird oder ihn zu bitten, sich selbst hinzulegen. Dabei kippt der Säugling unsanft auf den Rücken, und sein Kopf schlägt eventuell sogar hörbar auf. So verhindert man nicht nur, daß er sich selbst hinlegt, sondern man fügt ihm das unangenehme Erlebnis eines plötzlichen Gleichgewichtsverlustes sowie ein hartes Aufkommen auf der Unterlage zu. Dabei erfährt das Kind weder, daß das Zusammensein mit seiner Pflegerin angenehm sein kann, noch daß dieses Zusammensein die Möglichkeit zu gemeinsamer Tätigkeit bietet. Und die Lust zu spielerischer Neckerei wird sich gar nicht erst in ihm regen.

Wenn der Erwachsene den Säugling oder das Kleinkind unter den Wasserhahn hält wie einen über den Arm geworfenen Mantel, während sie dem dadurch bewegungsunfähigen Kind mit der anderen Hand den Po abspült, kann sie diese Tätigkeit schnell ausführen, aber das Kind kann nicht vorhersehen, was mit ihm geschehen wird. Es kann sich nicht darauf einstellen, wann das Wasser kommen oder die Hand des Erwachsenen es einseifen oder abtrocknen wird. Es hat außer durch Schreien überhaupt keine Möglichkeit auszudrücken, ob ihm etwa die Wassertemperatur angenehm ist oder nicht. Die Pflegerin sieht ja nicht einmal sein Gesicht. All das bedeutet für das Kind, daß das, was mit ihm und an ihm geschieht, nicht beachtenswert, kein wichtiges Ereignis ist und daß es selbst als Person nicht geschätzt wird.

Dasselbe gilt für die Bewegungen, mit denen das auf dem Rücken liegende Kind beim Anziehen plötzlich an den Armen ergriffen und zum Sitzen hochgezogen oder aufgestellt wird.

Wenn z. B. die Pflegerin, während sie den Säugling auf ihrem Schoß füttert, dessen Arm zwischen ihrem und seinem Rumpf festhält, den anderen mit ihrem Arm fixiert, mit dem sie auch den Teller knapp unter sein Kinn hält, kann das Kind nicht mehr kooperieren und auch nur mit Mühe protestieren. Das bedeutet für das Kind, daß es nicht in der Lage ist, den Vorgang des Essens zu beeinflussen, daß man seine Äußerung, ob ihm das Essen schmeckt, nicht erwartet und auch nicht, in welchem Tempo und wieviel es davon essen möchte. All das verwandelt den angenehmen Vorgang des Essens in ein unangenehmes oder sogar qualvolles Erlebnis.

Wenn der Erwachsene ein Kind, das schon gehen kann, am Handgelenk nimmt und in die gewünschte Richtung zieht bzw. am Kopf oder Rücken schiebt, läßt er es fühlen, daß er seine Selbständigkeit weder zuläßt noch achtet und nicht darauf vertraut, daß es kommen wird, wenn er es ruft. Bei dieser Art, ein Kind zu führen, wird das ihm gemäße Tempo überhaupt nicht berücksichtigt.

Dies mögen zum Teil krasse Beispiele sein, und doch kann man sie immer wieder beobachten. Aber das heißt nicht, daß nicht auch in Einrichtungen das Interesse an einem respektvolleren Umgang mit Kindern wächst.

Unsere Erfahrungen im Lóczy von mehreren Jahrzehnten zeigen, daß einem mechanischen routinemäßigen Umgang vorgebeugt werden kann. Bei unserer Arbeit mit anderen Heimen und Krippenerzieherinnen hat sich sogar gezeigt, daß sich der Erwachsene von rasch und mechanisch gewordenen, in verzerrter Form eingeübten unsanften und bevormundenden Bewegungen befreien kann. Dies mag ein langer Prozeß sein, da es nötig ist, daß der Erwachsene seine Grundeinstellung zum Kind ändert. Wenn er aufrichtiges Interesse und die aufrichtige Absicht zur Kooperation entwickelt, hilft diese Einstellung auch, daß seine Hände tastend, empfindsam, behutsam und feinfühlig werden. Wer das Reagieren des Kindes auch mit seinen Händen fühlt, dem können seine Bewegungen zunehmend so gelingen, daß sie dem Kind nicht unangenehm sind, sondern ihm wohltun. Als Hilfe für einen behutsamen und respektvollen Umgang mit dem Säugling, der auch dessen Kooperation ermöglicht, möchte ich hier einige Prinzipien erwähnen, denen wir im Lóczy folgen.

- Wenn man den Säugling trägt oder im Arm hält, ist es wichtig, seinen ganzen Rumpf und Kopf zu unterstützen, so daß der Säugling auch im Arm das Gefühl der physischen Sicherheit nicht verliert.
- Wenn das Kind auf dem Arm oder Schoß des Erwachsenen ist, sollten seine Bewegungsmöglichkeiten so wenig wie möglich eingeschränkt werden. So kann es die Hand und

das Gesicht des Erwachsenen erreichen und aktiv an dem teilnehmen, was mit ihm geschieht.

- Zum respektvollen Zusammensein gehört es auch, den Rhythmus des Kindes zu berücksichtigen. Ein Säugling oder Kleinkind braucht ausreichend Zeit wahrzunehmen, was geschieht und was geschehen wird, so daß es bereit werden und teilnehmen kann. Zum Beispiel spricht die Pflegerin das Kind, dem sie sich zuwendet, um es aufzunehmen, immer erst an. Sie wartet ab, bis es sie wahrgenommen hat und auf die Bewegung, mit der sie es umfassen und aufheben wird, vorbereitet ist. Meist treffen sich ihre Blicke dabei. Auch mit ihrer Hand empfindet sie, daß das Kind, das sie aufnehmen möchte, bereit dazu ist. Auf rasch aufeinanderfolgende Bewegungen könnte es sich nicht vorbereiten und noch weniger Antwort geben.

- Zusammenwirken und Kooperieren bedeutet im Grunde, daß das Kind mit seinen eigenen Bewegungen auf die begonnene Geste des Erwachsenen antwortet. Dazu braucht es Zeit und Raum. Dies wird ihm dadurch ermöglicht, daß der Ewachsene seine Gesten verzögert oder innehält und abwartet. Wenn man z. B. beim Anziehen den Ärmel gleich über den Arm des Säuglings streift, hat er keine Gelegenheit, seine Hand mithelfend auszustrecken. Wenn man ihm so zu trinken gibt, daß man ihm gleich den Becher vor den Mund hält, nimmt man ihm die Möglichkeit, selbst nach dem Becher zu greifen. Durch die schnelle Ausführung der Bewegungen des Erwachsenen werden die Bewegungen des Kindes überflüssig. Wenn der Erwachsene die Antwortbewegungen des Kindes aber abwartet und seine Bewegungen so gestaltet, daß sie dafür Raum lassen, kann das Kind allmählich immer mehr an den einzelnen Pflegetätigkeiten teilnehmen.

In diesem Zusammenhang möchte ich auf drei sogenannte offene Gesten eingehen: Das Rufen mit Gebärden, etwas anbieten, um etwas bitten. Jede dieser drei Gesten ist eine halb-

Das Rufen mit Gebärden

vollendete abwartende Bewegung. Damit wird eine Erwartung ausgedrückt, eine Wahlmöglichkeit angeboten. Solch eine halbvollendete Bewegung ermöglicht es dem Kind, selbst zu handeln.

Das Bitten spielt eine besonders wichtige Rolle im Zusammensein mit dem Säugling oder Kleinkind. Wie das Rufen und Anbieten ist auch die bittende Gebärde ein Ausdruck des sich friedlichen Näherns. Sie deutet an, daß der Bittende keine Gewalt anwenden wird, um seinen Wunsch geltend zu machen. Sie ist ein Ausdruck dessen, daß der Erwachsene nicht vorhat, selbst zu handeln, sondern abwartet, daß das Kind handelt, daß es z. B. etwas in die wartende, offene Hand legt – ein Apfelstückchen, mit dem es bereits zu spielen beginnt, oder seinen Hausschuh, den es gerade ausgezogen hat.

Das bittende, abwartende Verhalten des Erwachsenen bietet schon dem Säugling die Möglichkeit zur Entscheidung, die Möglichkeit, sich freiwillig den Erwartungen des Erwachse-

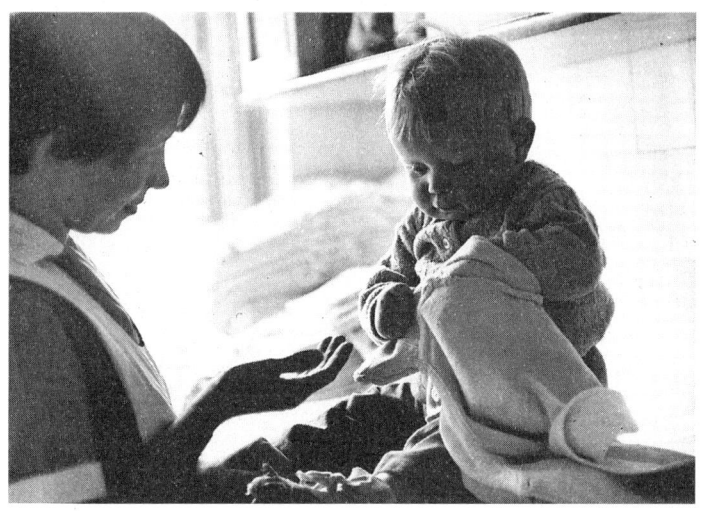

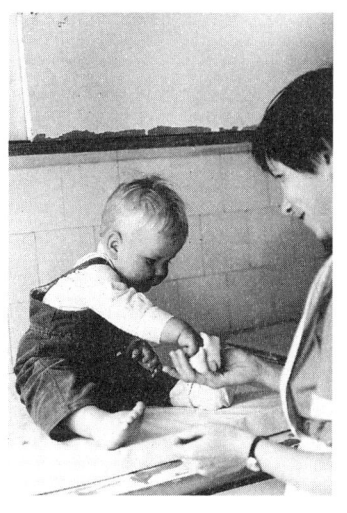

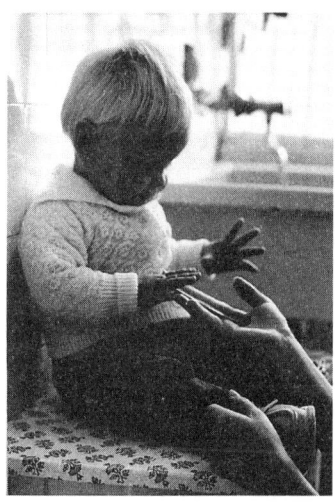

Etwas anbieten

nen anzuschließen oder nicht. Dies ist auch ein Modell für das Kind. Denn wir können auf keinen Fall vom Kind erwarten, daß es seine Spielgefährten um ein begehrtes Spielzeug bittet und es nicht einfach nimmt, wenn der Erwachsene dem Kind Dinge wegnimmt, statt es darum zu bitten.

Harmonische Erlebnisse während des Zusammenseins in den Pflegesituationen bereichern die Beziehung zum Erwachsenen, der das Kind versorgt. Seine Hände sind für den Säugling und das Kleinkind eine Quelle wichtiger Erfahrungen. Die Bewegungen des Erwachsenen im Umgang mit dem Säugling wirken nicht nur auf dessen körperliches Erleben. Zarte taktvolle Bewegungen vermitteln ihm Aufmerksamkeit und Interesse.

Es hilft einem Erwachsenen, dem Kind angemessen zu begegnen, wenn er die Äußerungen des Kindes mit Interesse und antwortbereit wahrnimmt. Zu dieser Aufmerksamkeit gehört es auch, daß der Erwachsene das Kind nicht nur mit Augen und Ohren, sondern auch mit seinen Händen wahrnimmt.

Manchmal ist es leichter, mit dem Kind freundlich zu sprechen, als mit achtsamen Händen mit ihm umzugehen. Mit diesen Beispielen und Gedanken möchte ich die Aufmerksamkeit auf die eigenen pflegenden Hände lenken, damit wir mehr und mehr wahrnehmen und verstehen, wie wir unsere Hände benutzen und was wir dem Säugling oder Kleinkind dadurch vermitteln.

Vom Dialog mit dem Säugling

Anna Tardos

Welche Eltern wünschen sich nicht, daß ihr Baby gesund und zufrieden ist und sich das Zusammenleben mit ihm harmonisch gestaltet? Daß das Baby gut schläft, mit gutem Appetit ißt und sich für seine Umwelt interessiert – daß sie ihm helfen können, seine Bedürfnisse zu befriedigen und einen wirklichen menschlichen Kontakt mit ihm finden?

Eine Aktivität, die im Zusammenleben viel Raum einnimmt, ist die Pflege. Sie kann eine Zeit des wirklichen Miteinanderseins sein. Die Realität sieht allerdings häufig anders aus, und die Pflege wird für den Erwachsenen und das Kind schnell zu einer heiklen Situation – wenn z. B. eine gestreßte Mutter mit allen Tricks dem „widerspenstigen" Baby doch noch die Windeln zu wechseln versucht usw.

Von Geburt an antwortet der Säugling auf das, was der Erwachsene mit ihm tut und wie er es tut. Zum Beispiel zeigt der Säugling, wenn er aus seinem Bettchen heraus auf den Arm genommen wird an, ob ihm dies angenehm ist oder nicht. Er zieht sich z. B. – manchmal fast unmerklich – zusammen, oder er entspannt sich und gibt sich vertrauensvoll in die Hände des Erwachsenen. Auch beim Anziehen des Jäckchens kann er die Arme entspannen oder mit Muskelwiderstand reagieren und sich wehren.

Beim Stillen oder Füttern wird seine Aktivität besonders offensichtlich – er ist hungrig und durstig, er saugt und trinkt. Hier wird deutlich, daß der Säugling seine Bedürfnisse selber befriedigt, während der Erwachsene ihm dies nur ermöglicht.

Es ließen sich sicher noch zahlreiche Beispiele anfügen, aber die hier aufgeführten mögen genügen, um deutlich zu

machen, daß zwischen Erwachsenem und Kind schon von Anfang an ein Dialog stattfindet, das Baby aktiv an dem teil-
nimmt, was mit ihm geschieht. Ob diese Teilnahme eine harmonische Kooperation ist oder eine Schutzreaktion gegen
etwas Unangenehmes, gegen das es sich wehren mag, hängt
sehr eng damit zusammen, wie weit der Erwachsene mit dem
Baby als einem fühlenden aktiven Gegenüber rechnet und ob
er ihm immer wieder Raum zur Teilnahme gibt oder er die
Pflegetätigkeiten statt dessen ohne sein Mitwirken und
manchmal sogar gegen den Willen des Kindes durchsetzt.

Im folgenden möchte ich auf Grund unserer Erfahrungen
aufzeigen, wie es zu einer miteinander geteilten, gemeinsamen Tätigkeit kommen kann und dabei ganz besonders darauf
eingehen, wie ein Dialog der Gesten entsteht und was für eine
Rolle er spielt. Damit sich ein friedlicher und reicher Dialog
entwickeln kann, ist es wichtig, daß der Erwachsene das Kind
mit behutsamen, fühlenden Händen berührt und auch die
Pflege einfühlsam ausführt. So erschrickt das Kind nicht und
kann für die Situation offen bleiben.

Die Pflegerinnen im Lóczy lernen, sich dem Säugling zuzuwenden und auf seine Anzeichen eigener Aktivität zu achten.
Wenn sie solche wahrnehmen, setzen sie ihre begonnene
Tätigkeit so fort, daß sie der Bewegung des Kindes Raum lassen und sie einbeziehen. Als Ergebnis dieses Zusammenwirkens geschieht es immer häufiger, daß eine Pflegerin eine
Handlung nur beginnt, diese vom Kind aufgenommen und
weitergeführt wird und dann ein wenig später von der Pflegerin wieder aufgegriffen und beendet wird. Sie bietet dem Kind
beispielsweise ein mit Milch gefülltes Glas an. Das Kind
nimmt es ihr ab, führt es zum Mund, kippt es leicht und
trinkt. Eventuell hilft sie ihm, bei den letzten Schlucken das
Glas noch etwas mehr zu neigen. Dann übernimmt sie das
Glas, das vom Kind gewöhnlich mit einer plötzlichen Bewegung losgelassen wird, sobald es leer ist.

Das Zusammenspiel, die miteinander geteilte Tätigkeit,
besteht also aus einer Reihe sich ergänzender und einander ab-
lösender Gesten.

Auf den folgenden Bildern wird dieser Dialog noch anschaulicher. In der ersten Bildserie sehen wir die sieben Monate alte Agnes, die von ihrer Pflegerin Marta zu trinken bekommt. Anschließend sehen wir Zita mit ihrer Pflegerin Rosa.

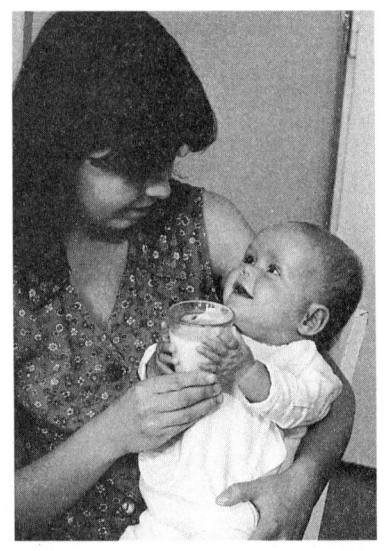

Bild 1a
Agnes ruht bequem in Martas Arm und legt die Hände ans Glas. Bevor sie zu trinken beginnt, lächelt sie Marta an. Marta nähert Agnes das volle Glas, aber führt es nicht ganz bis zu ihrem Mund und hält ein wenig inne. So läßt sie ihr Zeit, mit der Situation vertraut zu werden, sich vorzubereiten und auch ihre Freude auszudrücken. Marta hält das Glas am unteren Teil und läßt so Raum für Agnes' Hände.

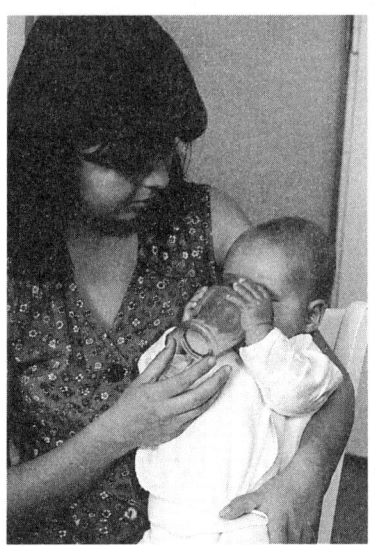

Bild 2a
Jetzt hält Agnes das Glas alleine, neigt es und trinkt. Marta hat ihr das Glas überlassen, gleichzeitig bleibt sie mit ihrer Aufmerksamkeit beim Kind. Mit wacher Hand ist sie bereit, das Glas zu übernehmen, wenn Agnes genug hat und es plötzlich loslassen wird.

Bild 3a
Agnes hat aufgehört zu trinken. Das Glas ist schon in Martas Hand, und Agnes' Hände zeigen an, daß sie genug hat – ihre offenen Hände zeigen noch das Loslassen des Glases. Sie scheint ein wenig müde zu sein, und beide schauen auf das leere Glas.

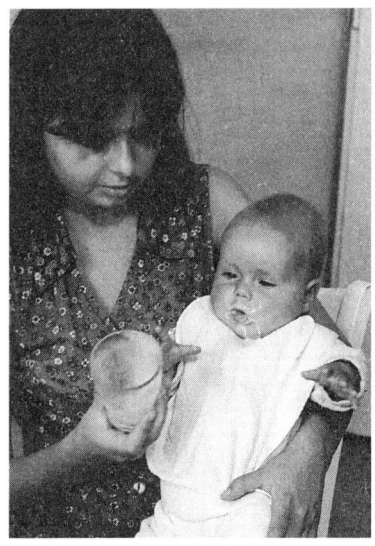

97

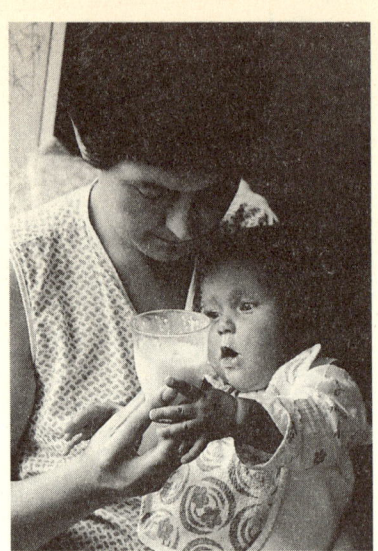

Bild 1b
Zita ist gerade ganz auf das Glas konzentriert und öffnet schon den Mund. Sie greift nach dem Glas, nimmt es aber nicht dort, wo Rosa ihr Raum für ihre Hände läßt.

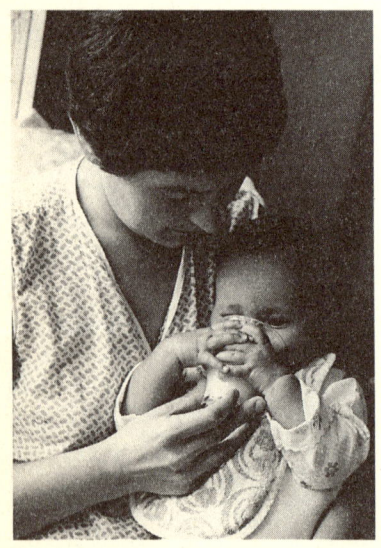

Bild 2b
Zita neigt das Glas und trinkt. Ihre Bewegungen sind nicht ganz sicher, sie braucht ergänzende Unterstützung von Rosa, die darauf achtet, daß das Glas nicht zu weit geneigt wird.

Bild 3b
Zita hat das Glas losgelassen und lutscht am Daumen. Hat sie schon genug oder braucht sie nur eine kleine Pause? Ihre rechte Hand zeigt noch zum Glas. Wie auf den anderen Bildern sehen wir, daß Rosa sie mit ihrer Aufmerksamkeit begleitet, sie dabei nicht drängt, sondern ihr Zeit läßt.

Bild 4b
Zita trinkt weiter und braucht keine Unterstützung mehr. Wenn wir das zweite und vierte Bild noch einmal näher anschauen, fällt auf, daß das Glas zu Beginn noch gefüllt und schwer ist und es dadurch für Zita schwieriger ist, es alleine zum Mund zu neigen. Mittlerweile ist jedoch weniger Milch im Glas, und nun kann sie es auch alleine zum Mund neigen.

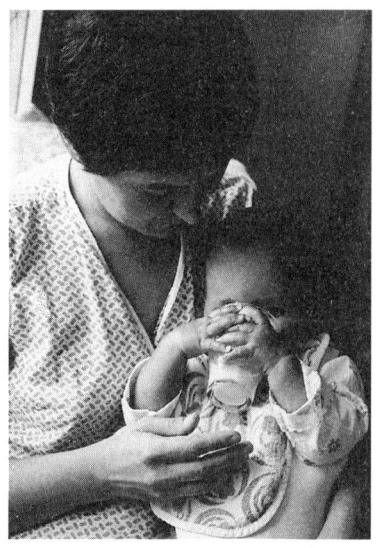

Obwohl Zita und ihre Pflegerin sich in diesen Szenen wenig anschauen, wird das wirkliche Zusammensein doch spürbar.

In beiden Bildreihen haben wir einen Dialog der Gesten. Dabei vermitteln sowohl die Gesten des Kindes als auch die des Erwachsenen Botschaften.

Der Beginn der Tätigkeit des Erwachsenen, wenn z. B. Marta Agnes das Glas nähert, ist für das Kind das Zeichen, sich auf das Trinken einzustellen.

Die Verminderung der Tätigkeit des Erwachsenen bzw. seine der Tätigkeit des Kindes Raum gewährenden Bewegungen vermitteln dem Kind, daß dem Erwachsenen seine Aktivität willkommen ist.

Indem das Kind die Möglichkeit bekommt, die Tätigkeit selber fortzusetzen, erfährt es, daß seine Aktivität wahrgenommen und angenommen wurde.

Die Gesten, mit denen das Kind antwortet, besitzen ebenfalls den Wert von Zeichen. Indem sie die Bewegungen des Erwachsenen fortsetzen, zeigen sie die Aufmerksamkeit des Kindes, seine Teilnahme sowie die Annahme des Erwachsenen und seines Tuns.

Bleiben solche antwortenden Gesten aus, kann das vielerlei bedeuten. Vielleicht drückt sich darin einfach die Unaufmerksamkeit oder Müdigkeit des Kindes aus, eventuell auch seine Unlust, an der Tätigkeit teilzunehmen, wenn es z. B. nicht hungrig oder durstig ist, oder die Zurückweisung eines Erwachsenen, mit dem es nicht vertraut ist. Die unterbrochene Aktivität kann auch ein vorübergehendes Bedürfnis, sich zwischendurch ein wenig auszuruhen, anzeigen, vielleicht auch die Absicht, die Tätigkeit beenden zu wollen.

Einige Gesten der miteinander geteilten, gemeinsamen Tätigkeit können mit der Zeit auch zu selbständigen Signalen werden. Der Säugling drückt z. B. aus, daß er noch trinken möchte, indem er die Hand nach dem Glas ausstreckt, oder er läßt das Glas nicht los, wenn es leer ist, gibt es nicht zurück.

Mit der Zeit erhält der Säugling immer reichere und differenziertere Möglichkeiten, sich mitzuteilen. Diese Mitteilungen helfen dem Erwachsenen, das Kind zu verstehen und seine Pflegetätigkeit so auszuführen, daß beide sich dabei wohlfühlen.

Warum bietet gerade die Pflegesituation viele Möglichkeiten, daß sich ein Dialog der Gesten ausbilden kann?

Die Herausbildung eines Dialoges wird wesentlich dadurch erleichtert, daß die Pflegehandlungen aus Tätigkeitsabläufen bestehen, die sich Tag für Tag wiederholen und in ähnlicher Weise aufeinander aufbauen. Wenn das raumgebende Verhalten des Erwachsenen innerhalb einer solchen vertrauten Struktur stattfindet, hat das Kind die Möglichkeit, sich vorzubereiten, einzustellen und aktiv an diesem Dialog teilzunehmen.

Es ist wichtig, daß solche Angebote nicht nur sporadisch sind, sondern zum Alltag des Kindes gehören, damit sich ein wirkliches Zusammentun entfalten kann.

Fast jede Pflegetätigkeit wird auch mit Hilfe von Gegenständen ausgeführt, die jeweils eine bestimmte Funktion haben. Der Gegenstand selbst zeigt die voraussichtliche Tätigkeit des Erwachsenen an: Wenn sich der Erwachsene mit dem Waschlappen dem Gesicht des Kindes nähert, ist das ein Zeichen, daß er das Gesicht waschen wird; wenn er ein Hemd in der Hand hat, wird er es dem Kind wahrscheinlich anziehen wollen usw. Wenn man dem Kind während der Pflege Zeit gibt, den Gegenstand wahrzunehmen, erleichtert man ihm wiederum, sich auf das einzustellen, was nun geschehen wird.

Der während der Pflege entstehende Dialog hat natürlich auch die praktische Funktion, daß er sowohl dem Kind als auch dem Erwachsenen die Vollendung der gemeinsamen Tätigkeit erleichtert.

Wenn sich ein wirklicher Dialog bei der Pflege herausbildet, hilft dies nicht nur, die Bedürfnisse des Kindes zu befriedigen, sondern es ist auch eine wichtige soziale Erfahrung für das Kind. Ein Säugling, der sich im Laufe der Pflege an den miteinander geteilten gemeinsamen Tätigkeiten mehr und mehr beteiligen kann, macht die Erfahrung, daß seine Signale nicht unbemerkt bleiben und richtig verstanden werden. Dadurch, daß seine Aktivität während des Fütterns, An- und Ausziehens usw. angenommen wird, bildet sich in ihm das Gefühl heraus, daß er auf Situationen, an denen er beteiligt ist, Einfluß nehmen kann. Dieses Vertrauen ist eine gute Basis für seine ersten sozialen Beziehungen.

Fragen an Anna Tardos

Die Erfahrung hat gezeigt, daß in Vorträgen und Seminaren zur Arbeit im Lóczy häufig ähnliche Fragen gestellt werden, vor allem, wenn es um den Umgang mit Säuglingen und Kleinkindern in der Familie geht. Ute Strub, die sich seit vielen Jahren mit dem Lóczy befaßt, kennt die meisten dieser Fragen aus ihrer eigenen Arbeit mit Eltern und Erzieherinnen, und wir hoffen, daß aus ihrem Gespräch mit Anna Tardos einiges deutlicher wird, was in den verschiedenen Beiträgen dieses Buches nur angedeutet werden konnte.

Vom Tragen

Ute Strub: Es ist mir aufgefallen, daß im Lóczy ein Säugling immer waagerecht im Arm getragen und sein Kopf in jeder Lage gut unterstützt wird, was heute ja allgemein nicht unbedingt üblich ist.

Anna Tardos: Auch bei uns in Ungarn ist es in den letzten Jahren immer mehr Mode geworden, Säuglinge von wenigen Monaten, ja sogar schon Neugeborene, aufrecht zu tragen. Es fällt mir nicht leicht, dies mitanzusehen, vor allem, wenn dabei noch nicht einmal ihr Kopf unterstützt wird und dann hilflos hin und her baumelt. Ihrem Rücken, der sich nach hinten oder zu den Seiten hin krümmt, sieht man an, wie die Wirbelsäule der Belastung ausweicht oder sogar unter ihr zusammensinkt. Eine derartig unbequeme und ungesunde Situation wollen wir dem Säugling ersparen.

Ute Strub: Wie lange trägt man im Lóczy einen Säugling waagerecht im Arm?

Anna Tardos: Wir tragen sie waagerecht, bis sie sich selbst aufrichten und von sich aus aufrecht sitzen können. Es ist eher von Nachteil, einen Säugling senkrecht zu tragen, solange er nicht physiologisch reif dafür ist. Wir wollen seiner Bewegungsentwicklung nicht vorgreifen und das Kind auch nicht indirekt beeinflussen, etwas früher zu tun, als es ihm entspricht.

Ute Strub: Ich habe immer wieder bemerkt, mit welch besonderer Sorgfalt die Pflegerinnen auch beim Aufnehmen, Hinlegen oder selbst beim Umdrehen des Säuglings seinen Kopf unterstützen. Es steht im Gegensatz zu dem, was zur Zeit durch die Frühförderung von Risikokindern in der Krankengymnastik allgemein üblich geworden ist. Dort unterstützt man das Köpfchen absichtlich nicht, damit das Kind frühzeitig einen Anreiz bekommt, seinen Kopf selbst zu halten.

Anna Tardos: Die unterschiedlichen Ansichten über das Unterstützen oder Nichtunterstützen des Kopfes beim Aufnehmen und Tragen des Säuglings hängen mit den verschiedenen Vorstellungen über die Bewegungsentwicklung des Kindes zusammen. Wir vertrauen darauf, daß das Kind seinen Kopf von sich aus halten wird, wenn es reif dazu ist.

Selbst bei sich langsamer entwickelnden Kindern sehen wir keine Notwendigkeit, das Kind in seiner Bewegungsentwicklung zu fördern, bzw. ihren Verlauf in irgendeiner Weise zu beschleunigen. Für solch ein Kind ist es allerdings besonders wichtig, daß es immer ausreichend Platz bekommt und Spielmaterial vorfindet, für das es sich wirklich interessiert.

Im übrigen vertrauen wir darauf, daß es zu gegebener Zeit – wenn es sich auf den Bauch dreht, sich immer freier in der Bauchlage bewegt und mit Gegenständen hantiert – aus eigener Initiative seinen Kopf beliebig oft und lange hebt, um dort hinzuschauen, wo etwas sein Interesse und seine Aufmerksamkeit erregt.

Unsere langjährige Erfahrung im Lóczy bei über 2000 Kindern hat unser Vertrauen bestätigt, daß auch sich langsamer entwickelnde Säuglinge die Entwicklungsstufe erreichen, in der sie ihren Kopf von sich aus halten können, auch wenn wir ihren Kopf bis zu diesem Zeitpunkt immer unterstützen.

Wenn der Säugling seinen Kopf nicht vorzeitig selbst und dadurch krampfhaft halten mußte, wirkt sich das positiv darauf aus, wie harmonisch er sich später im Ganzen bewegen wird.

Ute Strub: Gerade das ist es, was mir bei den Kindern im Lóczy immer wieder aufgefallen ist: ihre aufgerichtete Wirbelsäule, und mit welch natürlicher Selbstverständlichkeit ihr Kopf nach jeder Bewegung wieder in seine Ruhelage zurückkehrt. Dieses Vertrauen und die gewährte Unterstützung scheinen mir eine gute Voraussetzung für einen freien und gelösten Nacken zu sein.

Und ist es nicht so, daß während das Kind im Spiel sich und die Welt selbständig erkundet und die Unterstützung des Bodens erfährt, es im Arm der Mutter erlebt, was menschliche Unterstützung bedeutet? Ich glaube, daß es für das Lebensgefühl des Kindes und seine Beziehungsfähigkeit eine wichtige Erfahrung ist, sich den Händen, die es aufheben und tragen, rückhaltlos überlassen zu können, es das Kind in seinem Vertrauen bestärkt.

Anna Tardos: Ja, das ist auch ein Grund, warum wir dieser im allgemeinen wenig beachteten Situation soviel Aufmerksamkeit widmen und ihr solche Bedeutung beimessen.

Außerdem ist ein Kind, das bequem im Arm der Mutter liegt, für diese angenehmer zu tragen.

Ute Strub: Wenn das Kind im Lóczy bereits aufrecht im Arm getragen wird, hält man es so, daß es dabei dem Erwachsenen sein Gesicht zuwenden kann. Während es bei uns – aber offenbar in Ungarn auch – seit einigen Jahren oft vorkommt, ein Kind mit dem Rücken zum Erwachsenen zu tragen.

Anna Tardos: Ein Kind so auf den Arm zu nehmen, daß es mich anschauen kann, ist mir so natürlich und selbstverständlich, daß ich erst überlegen muß, wie wir das begründen würden. Ich bin mit einem Kind, solange ich es auf dem Arm habe, besonders nahe zusammen. Es gibt ihm, wie wir es gerade erlebt haben, die Möglichkeit, mich anzufassen, mein Gesicht tastend zu erkunden und mir aus der Nähe in die Augen zu schauen.

Auch für mich war es schön, das Vertrauen des Kindes zu spüren, mit dem es mir sein Gewicht überließ, seine Neugier zu erleben und seine Wärme und Lebendigkeit am eigenen Körper zu spüren.

Wenn ich dieses Kind mit seinem Rücken zu mir auf den Arm genommen hätte, wäre uns meinem Empfinden nach eine schöne Gelegenheit, miteinander in Kontakt zu kommen, entgangen.

Vom Weinen und Trösten

Ute Strub: Im Lóczy fällt mir immer wieder auf, daß die Säuglinge gar nicht so oft weinen und wenn sie weinen, wie sie sich zuweilen von selbst beruhigen, vor allem, nachdem sie ihre Hand, Daumen oder andere Finger zum Lutschen gefunden haben. Allerdings scheint es mir, daß es oft länger dauert, bis die Pflegerin zu einem weinenden Säugling geht, als es eine Mutter ertragen würde.

Ich habe auch nie gesehen, daß eine Pflegerin einen Säugling, wenn er weint, im Arm wiegt oder mit ihm auf- und abgeht, um ihn zu trösten, was doch sonst allgemein üblich ist.

Anna Tardos: Dadurch, daß die Neugeborenen und jungen Säuglinge meist aufhören zu weinen, wenn man sie herumträgt oder wiegt, werden die Erwachsenen dazu verleitet, immer in dieser Weise auf das Weinen des Kindes zu reagieren.

Es ist natürlich, daß die Mutter Verschiedenes probiert, um das weinende Kind zu beruhigen, und wenn sie es auf dem Arm hat, geht sie dabei spontan auch manchmal mit ihm auf und ab oder wiegt es ganz sanft ein wenig im Arm. Was sich unserer Erfahrung nach ungünstig auswirkt ist, daß wenn diese Art von Beruhigungsversuchen zur Gewohnheit wird, sie zur stereotypen Antwort des Erwachsenen auf jegliche Unmutsäußerung des Kindes wird. Anstatt verstehen zu wollen: „Woher rührt die Unruhe des Kindes?", „Was braucht es?", führt das automatische Herumtragen und Wiegen oft dazu, daß man immer länger mit dem Kind herumgeht, es immer länger wiegt und schaukelt, und wenn das nicht hilft und das Kind immer noch schreit, das Wiegen leicht zum Schütteln wird.

In gewissem Sinne drückt der Erwachsene mit dem starken Schaukeln des Kindes auch seine eigene Unruhe aus und überträgt sie zusätzlich auf den Säugling.

Außerdem gewöhnt sich der Säugling daran. Es wird zu einem Bedürfnis, ohne das er nicht mehr zufrieden ist oder einschlafen kann. Er wird um die Befriedigung eines echten Bedürfnisses gebracht und gewöhnt sich an eine Ersatzbefriedigung. Ähnlich wie ein Säugling, der in einem Kinderwagen liegt und den Drang hat, sich zu bewegen, dessen Bedürfnis, krabbeln zu wollen, aber als Unruhe gedeutet und mit einem Teefläschchen befriedigt wird.

Es ist uns wichtig, daß dem Kind tatsächlich geholfen wird und nicht, daß es zu weinen aufhört. Fortwährendes Geschaukel verursacht ein leichtes Schwindelgefühl, das die Kinder manchmal einschläfert. Es wirkt ein wenig wie die Mohnlutscher, die man früher in unseren ungarischen Dörfern den Säuglingen zu geben pflegte.

Ute Strub: Aber man sagt heute doch, daß ein Grundbedürfnis des Säuglings nicht befriedigt würde, daß ihm etwas fehle, wenn er nicht herumgetragen und gewiegt würde.

Anna Tardos: Ich erlebe im Lóczy und in vielen Familien, wie die Nähe der Pflegerin oder der Mutter und das ruhige und liebevolle von ihr Im-Arm-Gehaltenwerden den Säugling meist schon beruhigt. Auch wird sich eine Mutter dazu im allgemeinen mehr Zeit nehmen können, als es einer Pflegerin möglich ist. Aber weder im Lóczy noch in Familien habe ich beobachten können, daß dem Säugling das Wiegen, Schaukeln oder Herumtragen fehlt.

Die Auffassung, es sei ein Grundbedürfnis des Säuglings, gewiegt und getragen zu werden, ist mir bekannt. Sie entsteht offenbar aus der Sorge, was dem Kind alles verlorengeht, wenn es auf die Welt kommt. Und man versucht, so zu tun, als ob man ihm das zurückgeben könnte.

Wenn man das Kind stundenlang herumträgt und wiegt, sollte einen nicht nur die Frage interessieren, was man ihm vielleicht damit gibt, sondern auch, was man ihm nimmt, wie man sein ruhiges Bekanntwerden mit sich selbst und der Welt möglicherweise stört.

Wer erkannt hat, wie wesentlich die freie Bewegung und die ruhige Auseinandersetzung mit seiner Umgebung für die weitere Entwicklung des Kindes ist, kann dem passiven Bewegtwerden beim Tragen und Wiegen nicht mehr diese Bedeutung beimessen. Und wie ich schon sagte, liegt die Gefahr darin, daß es zu einer mechanischen Antwort auf das Weinen des Kindes wird und es nicht die echte persönliche Zuwendung und Anteilnahme bekommt, die es in diesem Augenblick vielleicht braucht.

Auch wenn unsere Pflegerinnen nicht immer erkennen können, was dem weinenden Kind fehlt oder durch was es sich gestört fühlt, versuchen sie doch, die Ursache seines Kummers oder Ärgers zu verstehen und mit ihm in einem ganz persönlichen Kontakt zu sein, wenn sie ihm helfen, sich zu beruhigen.

Ute Strub: Könnten Sie noch genauer beschreiben, was Sie unter solch einem persönlichen Kontakt verstehen?

Anna Tardos: Bei dieser Frage fällt mir ein junger Vater ein, den ich vor kurzem erlebt habe, wie er versuchte, sein erstes Kind, seine zwei Wochen alte, schreiende Tochter zu beruhigen.

„Was ist mit dir?" fragte er sie, als er sich über ihr Bettchen beugte. Damit sie noch einmal aufstoßen konnte, hat er sie auf den Arm genommen, liebevoll mit ihr gesprochen und ist ruhig mit ihr dort stehengeblieben. Nachdem sie sich schon ein wenig beruhigt hatte, spürte er, daß sie plötzlich krampfhafte Bewegungen machte, bei denen sie wieder zu schreien anfing. Als diese nachließen und sie ruhiger geworden war, hat er sie, immer noch mit ihr sprechend, behutsam in ihr Bett zurückgelegt und ist bei ihr geblieben, auch als sie schon wieder eingeschlafen war. Er hat sie aufmerksam beobachtet und gesehen, daß sich nach einer Weile diese heftigen Bewegungen wiederholten und das Kind im Schlaf so erschreckten, daß es weinend davon aufwachte.

Wahrscheinlich waren es Blähungen, die der Kleinen diese Schmerzen verursachten. Er hat ihr, wieder leise mit ihr sprechend, die Decke abgenommen, um es ihr zu erleichtern, ihre Beine ganz an den Bauch zu ziehen. So konnte ihre Verdauung besser in Gang kommen. Durch das kräftige Strampeln, das ihr nun möglich war, befreite sie sich, zunächst noch heftig schreiend, nach und nach selber von den Blähungen und konnte wieder einschlafen.

Ja, das eben ist es, was ich unter persönlichem Kontakt verstehe: in Beziehung mit dem Kind sein und nicht mechanisch auf die jeweilige Situation reagieren: beobachten, wie das, was man dem Kind anbietet, wirkt und ob es ihm hilft, anstatt daß das Beruhigen des Kindes mechanisch mit Herumtragen und Wiegen beginnt bzw. endet.

Ute Strub: Wie das Beruhigen eines Säuglings von neun Monaten mit Worten beginnen kann, habe ich im Lóczy mit Erstaunen in der Gruppe von Jutka Kelemen miterlebt.

Als eines der Kinder weinerlich wurde, sagte sie aus der Entfernung tröstend zu ihm: „Gyuszi, ich komme zu dir, sobald ich Borka fertig gebadet habe, versuch dich inzwischen mit deinem Tüchlein zu beruhigen." Und Gyuszi beschäftigte sich tatsächlich mit seinem Tüchlein und probierte für eine kleine Weile andere Töne aus, bevor er vermehrt zu weinen begann.

Sobald Jutka Borka zu Bett gebracht hatte, ging sie zu ihm und nahm ihn auf den Arm. Während sie leise mit ihm sprach, beruhigte er sich allmählich, und sie legte ihn in sein Bettchen zurück. Ab und zu noch ein Wort an ihn richtend, ging sie ansonsten ihren Aufgaben mit den anderen Kindern nach.

Anna Tardos: Auch wenn es unseren Pflegerinnen nicht gelingt, den Grund der Unruhe herauszufinden und den Säugling zu trösten, legen sie ihn freundlich und mitfühlend in sein Bett zurück, in der Hoffnung, daß er sich dort beruhigen wird – und meistens gelingt es ihm.

Wenn im Lóczy eine Pflegerin bei sechs oder acht Säuglingen zunächst nur mit teilnehmenden Worten auf das Weinen eines Kindes reagiert und manchmal erst ein wenig später zu ihm gehen und ihm helfen kann, da sie erst in Ruhe ihre Arbeit mit dem jeweiligen Kind beendet, so ist das kein Idealzustand, sondern die Realität. Für das Wohlbefinden, das Geborgenheitsgefühl der Kinder jedoch, für ihre Beziehung zum Erwachsenen ist es günstiger, als wenn die Pflegerin, während sie mit Wickeln oder Füttern beschäftigt ist, von einem Kind zum anderen springen würde.

Und vielleicht sollte ich hier auch ansprechen, daß Eltern von Zwillingen oder Drillingen oder Familien, in denen die Kinder rasch aufeinanderfolgen, mitunter in unnötige Schwierigkeiten geraten, wenn sie versuchen, die Bedürfnisse von zwei oder drei kleinen Kindern immer gleichzeitig zu befriedigen. Keines dieser Kinder kommt dann zu der Erfahrung, daß es am Tag eine ruhige Zeit gibt, wo es allein im Mittelpunkt der Aufmerksamkeit seiner Mutter oder seines Vaters steht.

Ute Strub: Das ist eine der Fragen, die Eltern oft beschäftigt: Wie bald sollen sie zu ihrem weinenden Kind gehen?

Anna Tardos: Ich bin zwar der Ansicht, daß man nicht im ersten Augenblick, wenn das Kind unruhig wird und zu weinen beginnt, hinspringen muß, sondern ihm ein wenig Zeit geben sollte, sich eventuell selbst zu beruhigen. Aber ich denke auch, daß man nicht vorschreiben kann, wie schnell man zu einem weinenden Säugling gehen sollte. Wahrscheinlich wird eine Mutter zu ihrem ersten Kind rascher hingehen, wenn es weint und probieren, wie sie ihm helfen kann, als zu ihrem dritten Kind, bei dem sie schon gelassener ist. Aus Büchern läßt sich so etwas kaum lernen. Man lernt es mit dem Kind zusammen, bei jedem weiteren Kind wieder etwas mehr, und dabei wird sich jede Mutter, jeder Vater, bei jedem Kind unterschiedlich verhalten.

Auch eine sehr aufmerksame, taktvolle und hilfsbereite Mutter kann nicht erreichen, daß der Säugling niemals weint. Es gehört zum Leben des Neugeborenen, zum Leben des Säuglings, daß er unangenehme und unbekannte Empfindungen und Gefühle hat und sie auch durch Weinen ausdrückt. Wenn alle Bemühungen der Mutter nichts nützen und das Kind weiter weint, braucht sie nicht das Gefühl zu haben, sie sei eine schlechte Mutter, muß sie nicht verzweifeln, nicht in Panik geraten, sondern sie könnte ihrem Kind zugestehen, daß es aus einem ihr nicht erkennbaren oder beeinflußbaren Grund weint; einem besorgniserregenden Schreien sollte man natürlich weiter nachgehen und gegebenenfalls äußere Hilfe in Anspruch nehmen.

Ein Säugling weint auf verschiedene Weise, und jedes Kind wieder anders. Mit dem Säugling wirklich in Kontakt zu sein, ihn zu verstehen suchen, bedeutet, auch sein Weinen aus Müdigkeit zu unterscheiden von dem, wenn er Hunger oder Bauchweh hat oder aus einem anderen Grunde sich beklagt, beschwert, wütend oder verzweifelt ist. Wenn irgend möglich, sollte die Mutter versuchen, sich von der Unruhe ihres Kindes nicht anstecken zu lassen. Je ruhiger sie innerlich bleiben kann, desto mehr Ruhe geht von ihr aus. Es kann unter Umständen besser sein, daß sie sich für eine kurze Weile zurückzieht, um wieder zu sich zu kommen, als daß sie sich in überreiztem Zustand um den Säugling bemüht.

Doch heißt das nicht, daß man das Kind vergißt! Natürlich ist es wichtig, weiter wach und bewußt wahrzunehmen, wie es um das Kind steht. Und wenn es sich nicht beruhigt, wird man noch einmal versuchen, ihm wirklich anwesend zur Verfügung zu stehen und mit ihm zu sprechen, wird ihm sein Mitgefühl ausdrücken und vielleicht noch einmal etwas anbieten, was helfen könnte.

Vom Sprechen und Orientieren

Ute Strub: Wenn im Lóczy eine Pflegerin den Raum ihrer Gruppe verläßt, sagt sie es jedesmal vorher den Kindern. Warum kündigt sie ihr Weggehen immer von neuem an?

Anna Tardos: Wenn die Pflegerin den Kindern sagt, daß sie hinausgeht und gleich wieder zurückkommen wird, sind sie vorbereitet und fühlen sich nicht plötzlich verlassen. Sie sagt z. B.: „Ich gehe hinaus auf die Terrasse und schaue nach, ob Margitka aufgewacht ist." Oder wenn sie in die Küche geht, um das Essen zu holen, zeigt sie ihnen, begleitet von entsprechenden Worten, das Tablett.

Unsere Pflegerinnen informieren die Kinder nicht nur, wenn sie das Zimmer verlassen, sondern sie sprechen schon von Anfang an mit den Neugeborenen über das, was das Kind betrifft, gewissermaßen als Orientierungshilfe. In den ersten Monaten hören die Säuglinge die Worte, ohne ihren genauen Sinn zu verstehen. Es ist eher die Art, wie die Pflegerin stehenbleibt, bevor sie das Zimmer verläßt oder mit was sie zurückkommt, woran ein Säugling die Situation wiedererkennt.

Es gibt Phasen, in denen Säuglinge es weniger gut vertragen, wenn der Erwachsene aus dem Raum geht. Haben sie bis dahin oft genug den Zusammenhang zwischen den ankündigenden Worten und dem darauffolgenden Weggehen der Pflegerin und ihrem Zurückkommen erlebt, konnten sie das Vertrauen entwickeln, sich in dieser Situation nicht verlassen zu fühlen.

Ute Strub: Haben Sie noch andere Gründe, die Kinder so sorg-fältig vorzubereiten?

Anna Tardos: Für jedes Kind ist es wesentlich, daß ihm gehol-fen wird, nach und nach zu verstehen, was mit ihm und um es herum geschieht.

Es ist erstaunlich, wie aufmerksam schon ein Säugling von wenigen Wochen den Worten des Erwachsenen lauscht und seinen Handlungen mit Blicken folgt. Wir können nicht früh genug anfangen, mit einem Kind zu sprechen. Für das Neuge-borene gehört der Klang der leisen, warmen Stimme der Mut-ter zu der Empfindung ihrer Nähe ebenso wie ihr Geruch.

Nicht nur für das Kind, auch für den Erwachsenen ist die-ses Sprechen wichtig. Es hilft unseren Pflegerinnen, mit ihrer Aufmerksamkeit ganz bei dem Kind und bei der Sache zu sein, wenn sie darüber sprechen, was sie gerade tun oder als näch-stes vorhaben.

Ute Strub: Das hat mir auch eine Mutter als ihre Erfahrung er-zählt. Anfangs sei es ihr jedoch sehr schwer gefallen, mit ihrem Kind zu sprechen, es hätte so unbeholfen geklungen. Mit der Zeit sei es ihr jedoch immer selbstverständlicher ge-worden und hätte ihr geholfen, wirklich ganz dabei zu sein.

Anna Tardos: Auch unsere Pflegerinnen müssen erst lernen, das Neugeborene anzusprechen bzw. mit ihm zu sprechen. Von Anfang an erwarten wir von ihnen, daß sie nichts mit dem Säugling tun, ohne es ihm vorher anzukündigen, und was sie mit ihm tun, mit Worten zu begleiten. Den Anfängerinnen hilft es, sich am Vorbild ihrer Kolleginnen zu orientieren.

Als nächstes lernen sie, die Reaktionen des Säuglings auf ihre Bitte abzuwarten und diese ebenso in Worte zu fassen wie das, was an Regungen und Äußerungen von ihm kommt. Bald tun sie das schon von sich aus, so wie sie später auch spontan über sich selbst und das, was in der Umgebung geschieht, mit ihm plaudern. Nach und nach spüren sie selbst, wie dieses Sprechen mit dem Säugling ihnen hilft, das Kind wirklich wahr- und ernstzunehmen, und wie dies eine Atmosphäre friedlichen Zusammenseins unterstützen kann.

Wenn die Mutter oder der Vater erleben, wie dankbar das Neugeborene ist, wenn sie während der Pflege ruhig und liebevoll mit ihm sprechen, wenn sie erleben, wie durstig es nach ihren Worten ist, werden sie Lust bekommen, mehr mit ihm zu sprechen. Und mit der Zeit werden sie voll Freude bemerken, wie es auf ihre Worte reagiert.

Ute Strub: Zwei Ihrer langjährigen Pflegerinnen, Bori Magda und Jutka Kelemen, waren im Sommer in Berlin und haben mit mir zwei Familien besucht, in denen die Eltern schon ganz verzweifelt über das wiederholt anhaltende Weinen ihrer drei bis vier Monate alten Kinder waren.

Das Mitgefühl und Verständnis von Jutka oder Bori für den Kummer des kleinen Menschen gab ihrer Stimme, als sie sich zu ihm beugten und mit ihm sprachen, eine solche Wärme, daß ich mich unwillkürlich an die Worte Emmi Piklers erinnerte: „Unser Sprechen, der Klang unserer Stimme soll das Neugeborene wie ein warmes Bad umgeben."

Es berührte mich zu sehen, wie aufmerksam die Säuglinge in beiden Familien Boris oder Jutkas Worten lauschten, obwohl sie ungarisch sprachen, und wie sie sich dann auch bald beruhigten.

Die innere Ruhe und die Überzeugung der Pflegerinnen, daß das Unbehagen der Kinder abnehmen würde, sobald diese ihren Daumen gefunden hätten und sich selber beruhigen könnten, half den Eltern auch, wieder mehr Vertrauen und Gelassenheit zu gewinnen.

Anna Tardos: Ich freue mich, daß Bori und Jutka auf diese Weise helfen konnten. Als Besucher und erfahren im Umgang mit Säuglingen, war es für sie natürlich leichter als für die Eltern, innere Ruhe zu bewahren. Eine Mutter ist sehr viel tiefer betroffen, wenn ihr Kind weint, vor allem, wenn sich das tage- und nächtelang wiederholt.

Ute Strub: Als ich eine andere Pflegerin einmal fragte, was ihr beim Umgang mit den Säuglingen anfangs schwer gefallen sei, antwortete sie mir: Nicht über den Kopf des Säuglings hinweg per wir zu sprechen, sondern wirklich das Kind anzusprechen, also nicht: „Jetzt gehen wir ins Badezimmer" oder: „Jetzt essen wir" zu sagen, sondern: „Jetzt wirst du baden" oder: „Du bekommst jetzt dein Essen."

Anna Tardos: Ja, das ist z. B. eine der ganz konkreten Hilfen, die wir unseren Pflegerinnen geben, damit ihr Sprechen mit dem Säugling nicht unpersönlich über ihn hinweggeht, sondern sich direkt an ihn wendet und ihre Worte das jeweilige Ereignis so wirklichkeitsnah wie möglich beschreiben. Es erleichtert dem Kind, nicht nur das, was mit ihm geschieht, zu verstehen, sondern auch, sich selbst und das, was es tut und durch sein Tun bewirkt, wahrzunehmen.

Wie oft bekommen Kinder stereotype Antworten. „Das hast du toll gemacht!" hören sie zum Beispiel immer wieder, ganz gleich, ob es ihnen gelungen ist, eine Schleife zu öffnen, selbst den Löffel zum Mund zu führen oder auf einen Stuhl zu klettern, um nur eine der häufig gebrauchten und eher inhaltslosen Redewendungen zu erwähnen. Wenn der Erwachsene lernt, wirklich dabei zu sein, während er mit dem Kind spricht, wird sein Kontakt mit ihm wesentlich reicher sein.

Ute Strub: Um bei ihren Beispielen zu bleiben: „Ist es dir gelungen, die Schleife zu öffnen?" oder „Ich sehe, du hast es geschafft, auf den Stuhl hinaufzukommen", kann dem Kind vermitteln, daß wir sein Tun tatsächlich wahrgenommen haben.

Anna Tardos: Ja, mit Worten auszudrücken, was das Kind tut oder erlebt, enthält schon die Botschaft: „Ich sehe dich, ich nehme dich wahr, ich teile deine Freude oder deinen Kummer."

Ute Strub: Welche Bedeutung Sie im Lóczy auch optischen Orientierungshilfen beimessen, ist mir an der Bemerkung von

Frau Dr. Vincze aufgegangen, daß es bei verschieden großen Pflegerinnen in einer Gruppe trotzdem nicht ratsam ist, den Wickeltisch in seiner Höhe jedesmal zu verstellen, um die Säuglinge nicht zu irritieren.

Anna Tardos: Damit ein Kind verstehen und sich darauf einstellen lernt, was mit ihm geschieht, halten wir auch die Organisation des täglichen Lebens hinsichtlich Raum und Zeit für wichtig. Wenn die Eltern ihr Kind z. B. immer am selben Ort wickeln, wenn sie einen festen Platz wählen, wo es gestillt bzw. gefüttert wird, vermag das sein Gefühl von Sicherheit und Geborgenheit zu stärken und gibt ihm Ordnung und Orientierung im räumlichen Sinne.

Wenn sich zudem die notwendigen Pflegetätigkeiten zu annähernd denselben Zeiten und auf dieselbe Weise wiederholen, so daß sich daraus Gewohnheiten bilden können, hilft es dem Säugling, sich zeitlich zu orientieren und sich vorzubereiten und mitzuwirken bei dem, was man als nächstes mit ihm vorhat.

Wenn der Erwachsene z. B. mit seiner Hand durch den Ärmel des Jäckchens schlüpft und dem Kind sagt, daß er ihm den Ärmel anziehen möchte, wenn er dann wartet, bis der Blick des Säuglings auf seine Finger fällt und erst dann dessen Hand nimmt, um den Ärmel darüberzustreifen, und wenn sich das täglich wiederholt, dann streckt ihm das Kind nach einigen Wochen als Antwort schon die entsprechende Hand entgegen, und wieder einige Zeit später reicht es ihm bei dieser Gelegenheit vielleicht lachend und voller Schabernack die andere.

Ein anderes Beispiel, wie die Pflegerin den Kindern eine Orientierungshilfe gibt, ist der Moment vor den Mahlzeiten, wenn sie mit dem Lätzchen zum Bett des Kindes oder zu seinem Spielplatz kommt; diese Geste erleichtert es ihm, zu verstehen, daß es jetzt gleich sein Essen bekommen wird. Ein Säugling von etwa drei Monaten mag seiner Pflegerin dann schon die Arme entgegenstrecken, während einer von sieben Monaten ihr vielleicht im Spielgitter entgegenrollt oder -kriecht, sobald sie ihn mit dem Lätzchen ruft, und ein Kind von 14 Monaten krabbelt möglicherweise erst einmal lachend davon.

Ute Strub: In diesem Zusammenhang möchte ich noch einmal auf meine Ausgangsfrage zum Informieren des Kindes, bevor die Pflegerin den Raum verläßt, zurückkommen. Claras Mutter fragte mich nämlich: „Störe ich Clara denn nicht, wenn sie gerade in ihr Spiel vertieft ist, mit meiner Bemerkung, ich ginge nur rasch in die Küche, um etwas zu holen?"

Anna Tardos: Ich würde hier zwei Situationen unterscheiden: Wenn der Säugling oder das Kleinkind zufrieden und mit Freude in seiner eigenen Umgebung im Spielgitter oder im Zimmer spielt, wenn es für das Kind gewohnt und selbstverständlich ist, daß die Mutter mal im Raum und mal draußen ist, dann ist es unnötig, das Kind mit einer solchen Bemerkung in seinem Tun zu unterbrechen.

Aber sobald das Kind aus den unterschiedlichsten Gründen Trennungsängste äußert, wenn es sich nur ruhig beschäftigt, solange die Mutter in seiner Nähe ist, sollte man es ihm auch mitteilen, wenn es gerade in sein Spiel vertieft ist.

Unter diesen Umständen muß man sicher sein, daß das Kind mitbekommt, wenn die Mutter aus dem Zimmer geht, auch auf die Gefahr hin, daß es anfängt zu weinen. Denn nur, wenn es die Mutter nicht mit seinen Blicken festhalten, sich nicht an sie klammern muß, nur wenn es beruhigt sein kann, daß sie nicht unangekündigt verschwindet, wird sich das Kind allmählich auch wieder ohne ihre unmittelbare Gegenwart geborgen fühlen.

Fast bei jedem Kind gibt es Zeiten, in denen es den Erwachsenen nur schwer fortgehen lassen kann. Wenn die Eltern dann versuchen, unbemerkt wegzugehen, bekommt es Angst, daß Mutter oder Vater plötzlich verschwunden sein könnten. Es wird nicht mehr vertieft spielen, sondern alarmiert mit seinen Blicken verfolgen, wo sich die Mutter gerade befindet – mit einem Wort, sein Vertrauen hat einen Bruch erlitten.

Auch wenn das Kind Unwillen ausdrückt, weint und protestiert, sollten wir das zulassen und ertragen und den Mut haben, es über unser Fortgehen zu informieren.

Unter einem Vertrauensbruch leidet das Kind mehr als unter seinem heftigen, aber vorübergehenden Weinen.

Ute Strub: Die Nachtschwester geht im Lóczy auch schon zu den ganz kleinen Säuglingen und sagt ihnen, daß sie in der kommenden Nacht da sein wird.

Anna Tardos: Auch für einen Säugling in der Familie ist es am besten, wenn ihm gesagt wird, wer die nächsten Stunden bei ihm sein wird, wenn die Eltern nicht da sind, und er dies noch, solange er wach ist, mitbekommt. Aber einen Babysitter z. B., den es bisher noch nicht kennengelernt hat, wird man so kurz vor dem Schlafengehen vergeblich vorstellen, mit ihm wird sich das Kind auch dann nicht sicher fühlen.

Die Eltern beruhigen sich oft damit, daß der Säugling oder das Kleinkind schon nicht aufwachen wird. Aber es genügt beziehungsweise ist schon zuviel, wenn es einmal vorkommt, besonders vom sechsten, siebten oder achten Monat an.

Für ein Kind, das in einer Gruppe lebt, ist es besonders wichtig, darüber orientiert zu werden, was in seiner Umgebung geschieht, vor allem was den Erwachsenen, sein Fortgehen und Wiederkommen betrifft. Als rücksichtsvolle Gewohnheit könnte ein solches Orientieren aber auch in der Familie helfen, überflüssige Unsicherheiten und Ängste des Kindes zu verhüten.

Auf der Wickelkommode

Ute Strub: Warum hängt im Lóczy über der Wickelkommode weder ein Bild noch ein Mobile oder sonst ein Spielzeug?

Anna Tardos: Alles, was auf der Wickelkommode geschieht, wie z. B. das Wechseln der Windeln, das An- und Ausziehen des Kindes und vieles mehr, sind wesentliche Momente im Zusammenleben von Kind und Erwachsenem. Die Pflegesituationen sind auch in der Familie Zeiten, in denen sich Mutter oder Vater und der Säugling von Tag zu Tag immer besser kennenlernen und beim Zusammenwirken viel Freude miteinander haben können.

Wir wollen diese natürlichen Gelegenheiten, in denen Kind und Erwachsener einander zugewandt und offen füreinander sind, so gut wie möglich nutzen. Hängende, springende, klingende und klappernde Spielzeuge lenken das Kind ab.

Der Erwachsene ist sich meist nicht bewußt, daß er dem Kind mit diesem Spielzeug die Botschaft vermittelt: „Was ich jetzt mit dir mache ist unangenehm, aber so kannst du es besser aushalten."

Ute Strub: Das heißt, Sie möchten eine klare eindeutige Situation, während sich sonst das Kind für das Spielzeug interessiert und seine Aufmerksamkeit nicht dafür frei ist, was die Mutter mit ihm vorhat?

Anna Tardos: Ja, weder früher noch später geben wir dem Kind während der Pflegesituation Spielzeug, um es zu amüsieren. Es wäre doch schade, wenn der Säugling, der vor allem in den ersten Monaten ganz besonders aufnahmebereit und interessiert an dem ist, was auf der Wickelkommode mit ihm geschieht, durch diese Spielsachen abgelenkt würde. Ein Säugling, der mit Spielzeug beschäftigt ist, kommt nicht dazu, an der Pflege teilzunehmen.

Wenn das Kind schon recht beweglich ist, wächst sein Interesse für die Gegenstände in der Pflegesituation, und es versucht, alles zu sich heranzuholen und es genau zu untersuchen.

Mit der Vorgehensweise des Erwachsenen und dem Geschehen auf dem Wickeltisch ist es bereits vertraut und hilft vielleicht nur gelegentlich mit, oft ohne hinzuschauen; denn dazu ist es ja viel zu sehr mit der Haarbürste oder den Knöpfen der Bluse beschäftigt. Wir geben diesem Interesse nach und begleiten es mit Worten, wir geben ihm einen gewissen Raum. Darüber vergessen wir aber nicht, daß wir das Kind wickeln und anziehen wollen.

Ute Strub: Oft meint der Erwachsene allerdings, daß die Ablenkung durch Spielzeug es ihm erleichtert, das Kind zu wickeln, weil es dann eher stillhält.

Anna Tardos: Ja, es mag anfangs eher stillhalten. Nur pflegt er es dann, ohne mit dem Kind wirklich in Kontakt zu sein. Zudem ist diese Erleichterung eine Täuschung auf kurze Zeit. Wenn es stattdessen gelingt, das Kind schon im Säuglingsalter für seine Pflege zu interessieren, treten später, wenn seine Eigeninitiative wächst, weniger und nicht so große Schwierigkeiten auf.

Wie ich schon gesagt habe, hat ein Säugling von wenigen Monaten großes Interesse für das, was mit ihm geschieht und freut sich, wenn er mit entgegenkommenden Bewegungen am Wickeln und Baden, beim An- oder Ausziehen teilnehmen kann, z. B. streckt er seinen Kopf nach hinten, damit der Hals gesäubert werden kann.

Dieses Interesse mitzuhelfen – was zwischenzeitlich durch sein Erkunden der unmittelbaren Pflegeumgebung vielleicht nachgelassen hatte – kommt verstärkt wieder, wenn das Kind schon selbst probiert, einzelne Tätigkeiten des Erwachsenen zu übernehmen, es beispielsweise selbst seine Socken ausziehen will. Vielleicht dauert alles ein wenig länger, aber es ist und bleibt auf diese Weise für beide, für das Kind und Mutter oder Vater, eine gemeinsam erlebte Freude.

Dieses Mitwirkenlassen von Anfang an schafft eine gute Voraussetzung, daß die Pflegesituation zu einem friedlichen Miteinander und nicht zu einem Gegeneinander wird.

Ute Strub: „Jetzt fängt der Machtkampf an", sagte mir eine Mutter, als ihr neun Monate alter Sohn sich nicht mehr friedlich auf dem Rücken liegend wickeln ließ.

Anna Tardos: Das kann natürlich die verschiedensten Gründe haben. Das Kind protestiert unter Umständen auch, wenn es nicht mit behutsamen, taktvollen Bewegungen gepflegt wird, wenn es unsanft, um nicht zu sagen grob angefaßt wird.

Dazu kann es in diesem Alter leicht kommen, wenn man den Drang des Kindes, sich aufzurichten, nicht respektiert. Ein Kind von neun Monaten läßt sich im allgemeinen nicht mehr auf dem Rücken liegend wickeln: Es dreht sich auf die Seite, auf den Bauch, kniet auf und stellt sich vielleicht auf Hände und Füße und dies alles in Windeseile. Unsere Pflegerinnen respektieren den Bewegungsdrang des Kindes auf der Wickelkommode, die sicherheitshalber an den Seiten mit genügend hohen Gittern versehen ist. Sie haben Freude an seiner Beweglichkeit und richten ihr Tun nach den verschiedenen Lagen und Stellungen des Kindes. Mit der Zeit werden sie darin sehr geschickt.

Die Zeit, die das anfangs länger dauert, wird durch die Freude und den Spaß, den Kind und Erwachsener an dieser Art des Wickelns haben, aufgewogen. Der sonst eventuell auftretende Machtkampf wird letzten Endes sicher mehr Zeit und Tränen kosten.

Ute Strub: Die Beweglichkeit auf der Wickelkommode zuzulassen, wird manchem als zu gefährlich erscheinen.

Anna Tardos: Nun, ganz gleich, ob man dem Kind erlaubt, sich auf der Wickelkommode zu bewegen oder nicht, muß man immer damit rechnen, daß es herunterfallen könnte. In jedem Fall sollte man Folgendes beachten:
- alles, was man zur Pflege benötigt, vorbereitet zu haben;
- das Kind nie alleine auf der Wickelkommode zu lassen, auch das Neugeborene nicht;
- wenn man sich für einen Moment mit dem Blick abwendet oder bücken muß, immer eine Hand dicht am Kind zu haben.

Sehr hilfreich ist es eben auch, daß die Wickelkommode seitlich mit Gittern versehen ist, die einem stehenden Kleinkind etwa bis zu den Rippen gehen sollten.

Wenn man dies alles beachtet, dann ist die Gefahr, auch wenn man die Beweglichkeit des Kindes zuläßt, sehr gering.

Ute Strub: „Wenn ich für mein Kind einen Wickelplatz am Boden richte, bewahre ich es doch am sichersten vor dem Herunterfallen", sagte mir eine junge Mutter. Darauf wußte ich nichts zu erwidern. Erst als ihr Sohn im Alter von zehn Monaten bei jedem Windelwechseln davonkrabbelte, waren wir beide restlos von den Vorteilen einer Wickelkommode mit seitlichen Gittern überzeugt.

Ich habe noch eine andere Frage zum An- und Ausziehen. Wie erreichen Sie es im Lóczy, den Kindern die Freude, mit der sie dies zunächst probieren, zu erhalten. Sehr oft kommt doch eine Phase, in der sie keine Lust mehr haben, es selbst zu tun bzw. sich nicht anziehen lassen wollen?

Anna Tardos: Wenn wir bei Kleinkindern beachten, das Selbständigwerden nicht als Pflicht von ihnen zu fordern, werden wir es auch bei den Größeren im Kindergartenalter nicht so schwer haben.

Wenn wir uns dessen bewußt sind, daß es beim Kleinkind immer wieder Zeiten geben wird, in denen es weniger am An- und Ausziehen, sondern viel mehr an seiner Umgebung interessiert ist, daß es manchmal lieber mit der Mutter spielen möchte oder müde ist, keine Lust hat oder überhaupt nicht will, wenn wir uns in solchen Momenten daran erinnern, daß wir den Kindern die Freude des Selbstprobierens ermöglichen wollen, aber nicht die Absicht haben, ihnen Aufgaben zu stellen, dann kann das viel dazu beitragen, ihnen diese Freude zu erhalten.

Es geschieht leicht, daß man ein Kind, sobald es etwas selbständig kann, gleich sich selber überläßt und einer anderen Beschäftigung nachgeht. Wenn das Kind keine Freude mehr daran hat, selbständig zu sein, kann das auch bedeuten, daß es sich verlassen fühlt.

„Das kannst du doch schon allein!" – kann in Wirklichkeit z. B. bedeuten: „Ich möchte jetzt etwas anderes tun."

Die Kinder brauchen aber in den ersten Jahren nicht nur Hilfe, sondern auch Anwesenheit und Begleitung. Wenn das Kind sagt: „Ich kann das nicht allein", meint es oft: „Ich will dich noch in meiner Nähe haben. Ich möchte, daß du bei mir bleibst."

Ute Strub: Ich hätte gerne noch eine genauere Angabe, von welchem Alter an Sie vom Kind erwarten, daß es sich selbständig anzieht.

Anna Tardos: Das läßt sich nicht so genau beantworten, da auch in dieser Beziehung jedes Kind anders ist. Eine Rolle spielt natürlich auch die Art der Kleidung, die je nach Jahreszeit oder Ausführung verschieden sein wird. Grundsätzlich ist es, wie bei der Bewegungsentwicklung, wichtig, die langsameren Kinder zu respektieren.

Andererseits versäumen es Eltern leicht, wenn sie nicht ganz dabei sind, den jeweiligen Moment wahrzunehmen, in dem das Kind eine Aktivität selbst fortführen möchte. Nachdem die Mutter z. B. den einen Schuh zugebunden hat, versucht es vielleicht, den anderen selber zuzubinden.

Es kann bequemer sein, auch ein älteres Kind noch ganz anzuziehen, weil es nicht die Wachheit des Beobachtens erfordert, und es braucht auch mehr Geduld, das Kind etwas in seiner Zeit selbständig tun zu lassen.

Zwischen den beiden Extremen, das Kind völlig sich selbst zu überlassen oder alles an seiner Stelle zu tun, gibt es ein weites Spektrum von Möglichkeiten. Die Freude des Kindes am selbständigen Tun ist hier eine gute Orientierungshilfe für den Erwachsenen.

Natürlich gibt es Situationen, wie z. B. Krankheit, lange Reise oder eine unruhige oder schwierige Zeit im Leben des Kindes, wo es kein Interesse oder Freude daran hat, an der Pflege teilzunehmen oder etwas selbständig zu probieren.

Ute Strub: Eine meiner schönsten Kindheitserinnerungen ist, daß meine Mutter mich, als ich in die erste Klasse ging, frühmorgens, wenn es noch kalt war, in ihr Bett holte und mich unter ihrer Bettdecke angezogen hat. Die Dankbarkeit für ihr Mitgefühl ist immer noch in mir lebendig.

Anna Tardos: Ja, ich verstehe, daß Ihnen das Wärme und Geborgenheit gegeben hat. Es ist auch ein schönes Beispiel dafür, daß je nach Situation das unterschiedlichste Verhalten angebracht sein kann.

Ute Strub: Manchmal möchte sich ein Kind doch gar nicht anziehen lassen. Können Sie dazu etwas sagen?

Anna Tardos: Mir wäre es wesentlich zu verstehen, was das Kind am Anziehen stört. Vielleicht möchte es einfach nur etwas mehr spielen oder selbständiger sein. Oder es hat unangenehme Erfahrungen mit raschen oder ungeschickten Bewegungen des Erwachsenen gemacht. Wenn man versteht, was ihm nicht behagt, findet man eher den nicht unbedingt einfachen Weg, das Vertrauen des Kindes zurückzugewinnen. Leichter ist es, wenn das Vertrauen gar nicht erst verloren geht.

Ute Strub: Die Auswirkungen einer solch sorgfältigen Betreuung von Geburt an erlebe ich zur Zeit bei Clara mit, dem Kind einer jungen Mutter, die schon vor dessen Geburt mit den Ideen Emmi Piklers vertraut war. Clara ist jetzt 14 Monate alt und gerade dabei, die ersten freien Schritte auszuprobieren. Natürlich bleibt sie beim Wickeln längst nicht mehr ruhig liegen. Doch auch wenn sie – sich am Gitter der Wickelkommode festhaltend – durchs Fenster schauend im Garten den Drachen ihres großen Bruders entdeckt und „wortreich" davon erzählt, findet sie sich nach einer Weile schließlich doch bereit, ihren Fuß zu heben, um aus der Hose zu steigen. Gleich darauf ist sie in „Bärenstellung" in der hintersten Ecke der Wickelkommode und muß ihre Mutter erst mehrmals durch die Beine betrachten, bevor sie sich die Windel anlegen läßt: Im Liegen? Nein. Im Stehen? Auch nicht. Also doch im Liegen? Nein, doch lieber im Stehen, nun gut …! Dann wieder steht sie auf der anderen Seite der Kommode am Gitter, streckt verlangend ihre Hand nach dem Schmuckkasten auf dem Regal aus, und als sie auch diesmal – wie nun schon eine ganze Woche bei jedem Wickeln – von der Mutter bestätigt bekommt, daß er nicht zum Spielen ist, macht sie ihrem verhinderten Taten- und Entdeckerdrang mit Rütteln am Gitter Luft. Erst dann ist sie, als ihre Mutter ihr Socken und Schuhe zeigt, bereit, sich, die Socken auf Knie und Hände gestützt, die Schuhe im Sitzen anziehen zu lassen. Das Wickeln und Anziehen dauerte etwa eine halbe Stunde. Danach war Clara ein friedlich spielendes Kind, auch dann noch, als ihre Mutter sich von ihr verabschiedet hatte und ich mit Clara und ihrem fünfjährigen Bruder den halben Tag allein zurückblieb.

Es ist eine Einstellungsfrage, sagt ihre Mutter: „Natürlich bin ich auf diese Weise fünf- bis sechsmal eine halbe Stunde mit Wickeln beschäftigt, aber mit einem fröhlichen Kind, das letztlich doch mithilft und mich nicht nervt."

Das Eßbänkchen

Ute Strub: Immer wieder erlebe ich im Lóczy, wie wohl die Kinder sich beim Essen im Eßbänkchen fühlen. Könnten Sie zu diesem wenig bekannten Kindermöbel etwas sagen?

Anna Tardos: In diese Bank, die eine Lehne hat und mit dem Tisch fest verbunden ist, können etwa anderthalbjährige Kinder ohne Hilfe des Erwachsenen hineingehen und sich selbständig hineinsetzen. Die kindgerechten Proportionen von Tisch und Bänkchen erleichtern ein sicheres, angenehmes und aufrechtes Sitzen. Durch seine relativ schmale und leicht nach vorn geneigte Sitzfläche können die Füße des Kindes auf dem Boden ruhen.

Emmi Pikler hat dieses stabile Kindermöbel als Alternative zum Hochstuhl für Familien entwickelt, die sie als Hausärztin betreute. Es hat sich also auch in der Familie für Kinder bewährt, die anfangen, selbständig essen zu wollen.

Ute Strub: Welche Bedenken haben Sie bei Hochstühlen?

Anna Tardos: In den Hochstuhl muß man das Kind hineinsetzen und nach der Mahlzeit wieder herausheben. Es kann also nicht selbständig hinein oder wieder heraus. Auch stimmen sehr oft seine Proportionen nicht: Die Sitzfläche ist für die Länge der Oberschenkel des Kindes zu breit, und seinen Füßen fehlt fast immer die Unterstützung.

Ute Strub: Im allgemeinen haben die Eltern einen Hochstuhl gern, weil schon der Säugling oder das Kleinkind mit der übrigen Familie zusammen essen kann.

Anna Tardos: Selbst dann, wenn das Kleinkind bereits selbständig essen will, bringt es Nachteile mit sich, wenn diese ersten Versuche stattfinden, während die übrige Familie ißt. Unserer Erfahrung nach ist es verfrüht, schon zu diesem Zeitpunkt das Kind am gemeinsamen Essen teilnehmen zu lassen.

Zusammen essen ist eine Freude – oder kann zumindest eine sein. Aber sie wird in vielen Familien erheblich gestört, solange das Kind noch nicht wirklich selbständig essen kann. Die Eltern kommen dann selber kaum zum Essen. Ihre Aufmerksamkeit richtet sich fast ausschließlich auf das Kind, von dem sie mehrere Dinge auf einmal erwarten: sauber essen zu lernen, allgemeine Regeln der Eßkultur zu beachten und sich in eine Tischgemeinschaft einzufügen. Für viele kleine Kinder ist das eine Überforderung, die zu unnötigen Konfliktsituationen während der Mahlzeiten führt.

Hier könnte es eine Hilfe sein, wenn das Kleinkind vor der Mahlzeit der übrigen Familie im Eßbänkchen oder an einem kleinen Tisch ißt. Dann können sich Mutter oder Vater, dem Kind gegenübersitzend, ausschließlich ihm zuwenden. Dieser Prozeß, in dem das Kind lernt, selbständig und „zivilisiert" zu essen und dessen Zeitmaß es selbst bestimmt, verläuft friedlicher.

Außerdem hat das Kind auf dem Tisch des Eßbänkchens entweder sein Glas oder sein Schüsselchen vor sich und wird nicht von der Vielfalt dessen, was auf dem Familientisch steht, vom Vorgang des Essens abgelenkt.

Ute Strub: Das kann ich bestätigen: Die Mutter der noch nicht ganz zweijährigen Sarah erzählte mir, wie unruhig ihre Tochter wurde, als sie – durch Umzug bedingt – Sarah am Tisch der Großen mitessen ließ. Alles wollte sie haben, von allem kosten, und die ruhige Atmosphäre kehrte erst wieder zurück, als sie im eigenen Bänkchen aß.

Anna Tardos: Außerdem ist das Eßbänkchen in den Familien noch lange Zeit ein beliebtes und vielseitiges, zum Spielen und Malen verwendetes Kindermöbel. Für die Kinder ist es gemütlich, weil es ihrer Körpergröße entspricht und sie selbständig sein läßt. Außerdem kommt der Erwachsene, wenn er sich zum Kind setzt, auf seine Ebene herunter.

Ute Strub: Heute wird bei uns anstelle des Hochstuhls auch gerne ein treppenartiger Stuhl verwendet. Mit seiner mitwachsenden Fußunterstützung und der schmalen Sitzfläche ist er bereits eine deutliche Verbesserung zum Hochstuhl. Doch sind mir auch bei ihm schon ähnliche Bedenken gekommen. Wenn er für kleinere Kinder benutzt wird, deren Herunterfallen man vorne durch einen Bügel verhindert, werden sie auch in diesen Stuhl mehr oder weniger hineingezwängt und müssen nach dem Essen wieder herausgehoben werden. Zudem verlockt seine leiterähnliche Form größere Kinder zum Klettern und Herumturnen bei den Mahlzeiten, was leicht neue Konflikte heraufbeschwören kann, während das mit seinem Tisch fest verbundene Eßbänkchen meiner Beobachtung nach eher ein Zur-Ruhe-Kommen des Kindes beim Essen zu unterstützen vermag.

Zu guter Letzt habe ich noch eine andere Frage zum Kleinkind. Wenn das Kleinkind vor der übrigen Familie ißt, wissen die Eltern oft nicht, wie sie sich verhalten sollen, wenn es anschließend, wenn sie essen, auch noch etwas haben will.

Anna Tardos: Wenn das Kind wirklich vorher die ungeteilte Zuwendung gehabt hat, geht es im allgemeinen gerne spielen, oder es ist sowieso seine Schlafenszeit. Aber falls es während dieser Zeit nicht alleine spielen möchte und sich mehr für das interessiert, was am Eßtisch geschieht, kann man es ruhig auf den Schoß nehmen und von dem kosten lassen, was es haben darf. Und wenn es anfängt, mit dem Essen zu spielen, bittet man es, dies zurückzugeben. Mit der Zeit wird es ihm vermutlich langweilig auf dem Schoß, und es wird dann doch lieber herunterwollen, um zu spielen.

Man kann darauf vertrauen, daß das Kind, das ja im Grunde schon satt und befriedigt ist, akzeptiert, daß die Eltern sich jetzt nicht ausführlich mit ihm beschäftigen.

Ute Strub: Vielen Dank für dieses Gespräch.

Kooperation während der Pflege und die gemeinsame Freude am Spiel

Katalin Török

Als ich im Lóczy zu arbeiten anfing, habe ich zunächst nur Hilfsarbeiten neben den Pflegerinnen verrichtet. Ein bißchen eifersüchtig beobachtete ich die Beziehung zwischen den Kindern und ihren Pflegerinnen. Zum Beispiel als Katika sich beim Anziehen den Hausschuh über ihre Hand zog und lachend der Pflegerin Mari die neue Mode zeigte – oder als Andi den Badewannenstöpsel immer wieder zurücksteckte, damit das Badewasser nicht abfließen konnte. Im Kollegium, wo wir Pflegerinnen gemeinsam wohnen, erzählte meine Zimmergefährtin, – wie sich Agi – die Pflegerin nachahmend – das Hosenbein über ihre Hand gezogen hätte und „komm mein Fuß" dazu sagte. Dann hätte sie ihr Bein angehoben und sich selbst die Hose richtig angezogen und mit den Worten „ich schei" (ich bin gescheit) anschließend den Erfolg konstatiert.

Werde ich auch einmal so pflegen? Wann werde ich mich an den spielerischen Neckereien meiner Kinder freuen können? Wann werden sie sich in den Winkeln verstecken, damit ich sie suchen soll, wann sich allein an- und ausziehen?

Darauf werde ich noch lange warten müssen, dachte ich, als ich in die Arbeit bei den Neugeborenen eingeführt wurde. Sie waren ja erst zwei bis drei Wochen alt. In erster Linie hatte ich darauf zu achten, daß sie sich wohlfühlten und während des Badens nicht weinten. Aber nach kurzer Zeit bemerkte ich, daß sie auch schon anfingen, während der Pflege mitzuwirken.

Gabica hat bald sehr gern gebadet.

Mit der Zeit hat sie sich bei dem vorausgehenden Reinigen immer weniger verspannt. Ich konnte ihr die Hautfalten z. B. am Hals und am Ellbogen mit einem in Öl getauchten Wattebausch leicht auswischen. Zoltán hat sich im Alter von drei

Monaten gefreut, als er an der Reihe war zu baden. Beim Anblick des Waschlappens hat er mit den Augen geblinzelt, während des Abtrocknens war er ganz gelöst, und beim Anziehen hat er versucht, mit seiner Hand nach dem Ärmel des Jäckchens zu greifen.

Allmählich wurden die mithelfenden Bewegungen bei allen Kindern entschiedener.

Gábor ist der Älteste in der Gruppe, er hat im Alter von fünf Monaten seine Hand entschlossen ausgestreckt, und er war auch der erste, der Spiele anregte. Er griff z. B. nach dem Hemd, aber oft hat er, wenn er schon das Hemd berührt hatte, seine Hand schnell hinter den Kopf gelegt, laut gelacht und dabei seine Augen zusammengekniffen. Eine gute Unterhaltung war es für ihn auch, wenn er mir anstelle seiner Hand seine Beine entgegenstreckte; dabei haben wir zusammen gelacht und uns gefreut.

Als ich Ferko badete, den Waschlappen einseifte und ihn um seine Hand bat, streckte er den Arm zum Waschlappen hin. „Jetzt werde ich die andere auch einseifen", sagte ich. Ferko bewunderte den weißen Seifenschaum und reichte mir immer wieder lachend seine eingeseifte Hand.

Auch bewegungsmäßig haben sich die Kinder gut entwickelt. In Alter von ungefähr einem halben Jahr drehten sie sich leicht auf den Bauch und zurück auf den Rücken, was ein weiterer Anlaß zu Schelmereien war. Beim Wechseln der Windeln hatte ich die Zipfel schon beinahe fertiggebunden, als Attila es sich blitzschnell anders überlegte, und schon lag er auf dem Bauch. Dabei ist die Windel unten herausgerutscht, und der ganze Vorgang mußte zur größten Freude von Attila von vorne begonnen werden. Im Badewasser hat er gezappelt wie ein kleiner Fisch, drehte sich vom Rücken auf den Bauch und plantschte, bis das ganze Zimmer überschwemmt war.

Zoltán konnte ich nicht wiegen, weil er so mit seinen Beinchen stieß, daß die ganze Waage wackelte. Als ich ihn bat, für eine kleine Weile damit aufzuhören, hat er mich angelacht, noch einige Stöße ausgeführt, und danach erst konnte ich die Waage einstellen.

Die Kinder der Gruppe krochen und krabbelten im Alter von acht bis neun Monaten schon sehr geschickt. Wenn ich sie zum Essen oder Baden rief, haben sie sich lebhaft in Bewegung gesetzt, kamen auf mich zu, sind dann auf halben Weg umgekehrt und lachten, als sie mein „enttäuschtes" Gesicht sahen.

Es war eine große Freude, als Ferko sich im Alter von zehn Monaten als erster zum Stehen aufrichtete.

Auf meine Bitte ziehen sie Hausschuhe und Socken aus und legen sie in meine Hand. Ferko tut allerdings bloß so, als ob er den Schuh in meine Hand legen würde, dann aber wirft er ihn mit einer raschen Bewegung daneben. Auch die Bluse muß ich ihm nur von einem Arm herunterziehen, mit der anderen Hand fuchtelt er so lange, bis der Ärmel herunterrutscht. Natürlich wirft er sie auch neben meine Hand.

Nicht nur auf dem Wickeltisch, auch im Spielgitter üben sie das Ausziehen der Hausschuhe und Socken. Ildikó liest ihre verlorenen Pantoffeln auf und sagt: „Du!", damit ich sie ihr wieder anziehen soll.

Auch die anderen Kinder versuchen schon, unsere Worte nachzuahmen: „Komm zum Mittagessen", rufe ich Gabika, sie wiederholt es auf ihre Weise und vergißt zu kommen. „Gib mir bitte deinen Arm für die Bluse" – sagte ich zu Edina. „Nob-nob", sagt sie und klopft auf die Knöpfe: Dann sucht sie auf meinem Kleid alle fünf Knöpfe, untersucht sie genau und bemerkt, daß sie auch „nob-nob" sind.

Ob die Kinder auf meine Bitte hin aufstehen, sich niedersetzen, ihre Hand oder ihr Bein reichen, aus der Spielhose heraussteigen oder genau das Gegenteil tun, ihr Lachen bleibt nie aus. Ferkó ahmt sogar noch das Wort: „Aufstehen" nach: „audeh" sagt er und setzt sich nieder!

Beim Baden nimmt Ildikó die Seife aus der Seifenschale, aber da sie groß und glitschig ist, gleitet sie ihr aus der Hand. Es ist eine wahre Schlacht, die sie entfesselt, um die Seife wiederzubekommen. Jedesmal wenn sie sie erreicht, zeigt sie glücklich darauf „ei-ei". Aber die Seife schwimmt wieder davon. Nach dem Baden zieht sie den Stöpsel auf meine Bitte heraus, dann aber steckt sie ihn auf einen plötzlichen Einfall hin wieder zurück. Ach ja, genau das habe ich doch schon gesehen, als Andi badete ...

Zoltán ist inzwischen 13 Monate alt. Am Nachmittag kommt er immer mit mir auf den Flur heraus. Er macht mit allem Bekanntschaft. Alles faßt er an, klopft darauf, versucht, die Treppe hinaufzugehen, geht in das Zimmer der Oberschwester und will telefonieren. Wenn ich ihn ins Zimmer zurückrufe, folgt er mir bis zur Tür, und wenn ich die Tür öffne, macht er plötzlich kehrt, und während er mich vom Ende des Flurs beobachtet, kichert er vergnügt.

Gábor ist jetzt 17 Monate, die übrigen Kinder sind fast 14 oder 15 Monate alt. Ihr liebstes Spiel ist jetzt „Guck-Guck". Zoltán verdeckt seine Augen zum Beispiel am Umkleidetisch mit den Fäusten. „Wo bist du Zoltán, wohin bist du verschwunden?", sage ich suchend. Hinter den Fäusten höre ich's leise lachen. Schnell nimmt er die Hände weg, lacht mich an, und im nächsten Augenblick verschwindet er wieder. Gábor steht in Bärenstellung, sein Kopf liegt auf dem Tisch. Er sucht und beobachtet mich zwischen seinen Beinen hindurch. Dann setzt er sich auf, sieht mich so an, aber kurz darauf ist er wieder in Bärenstellung und guckt mich von unten an. Ferko versteckt sich in der Zimmerecke, guckt aus der Ecke heraus und sagt: „ku-ku". Ildikó zieht das Badetuch über den Kopf, Gabika ein Tüchlein mit Punkten. Attila hält eine lange Zeit das Hemdchen über dem Kopf beim Ausziehen.

Die Kinder spielen auch miteinander, Gabika und Zoltán hocken sich im Bett nieder, und plötzlich stehen sie gleichzeitig beide auf, großes Gelächter! Gábor und Ferko jagen einander krabbelnd rund um die Kiste und lachen, wenn einer den anderen erblickt.

Ich pflege diese Kinder nun seit anderthalb Jahren. Meine Kolleginnen und ich bemühten uns, sie so zu baden, zu füttern und an- und auszuziehen, daß die Kinder an diesen Tätigkeiten teilnehmen und uns auf einem immer entwickelteren Niveau helfen konnten. Das Spiel und die Schelmereien haben immer die Kinder angefangen, wir haben uns mit ihnen zusammen gefreut.

Ist es denn gut, wenn wir auch spielen während der Pflege? So dauert das Baden oder Anziehen doch länger. Wenn das Kind spielt, heißt das, es will die Pflegezeit verlängern, weil es sich wohlfühlt. Die Tage sind reicher und kurzweiliger. Für keinen von uns beiden sind Baden, An- und Ausziehen oder Essen eine Last, ganz im Gegenteil, wir haben Freude aneinander und verstehen uns.

Erfahrungen einer Mutter

Anna Dorothea Pottel-Teinert

Ich hatte mich entschlossen, Camilla solange waagerecht zu tragen, bis sie sich von sich aus in die Senkrechte begeben würde. Zwei Freundinnen von mir sagten unabhängig voneinander, als sie Camilla auf dem Arm hielten: „Dein Kind überläßt sein Gewicht ja ganz und gar, wenn es getragen wird." Auch ich bemerkte das immer wieder, wenn ich im Gegensatz dazu ein Kind auf dem Arm trug, das vorzeitig hingesetzt und in der Senkrechten gehalten wurde. Camilla kam nicht auf die Idee, sich in die Senkrechte zu bemühen, bevor sie nicht reif dazu war. Das war von Vorteil, denn somit war sie im Liegen zufrieden und unabhängig, während sie für die Senkrechte ständig meine Hilfe benötigt hätte.

In der Feldenkreis-Arbeit hatte ich am eigenen Leib erfahren, wieviel schwieriger es ist, in Bauchlage meinen Rücken zu „organisieren", meinen Blick wandern zu lassen, meine Arme und Beine frei bewegen zu können und wieviel leichter mir all dies in Rückenlage fiel. Von daher übernahm ich für mein eigenes Kind den Vorschlag Emmi Piklers, das Kind solange auf den Rücken zu legen, bis es sich von selbst auf den Bauch drehen kann. Und es war tatsächlich ein großes Erlebnis für unsere ganze Familie, als Camilla sich erstmals auf den Bauch drehte. So wie es nie hätte sein können, wenn mein Mann und ich es zuvor schon immer für sie getan hätten.

Sie hatte selbst den Zeitpunkt dafür gewählt, sie hatte wochenlang Vorbereitungen dafür getroffen, indem sie auf dem Rücken und auf der Seite eine unglaubliche Bewegungsvielfalt entwickelt hatte. Sie hat den Mut gefunden, von sich aus ihren Körper in ein für sie ganz neues Verhältnis zur Schwerkraft zu bringen. Kurz gesagt, sie ist aus eigenem Antrieb und in ihrer eigenen Zeit einen wichtigen Schritt weitergekommen in ihrer Entwicklung. Für uns Eltern und für sie selbst war es wichtig, erfahren zu haben, daß sie aus sich heraus lernen und von uns Erwachsenen autonom sein kann.

Bevor Camilla zur Welt kam, wußte ich, daß ich nicht zu den Menschen gehöre, die den ganzen Tag eng mit dem Kind zusammen sein können. Ich brauche Freiraum, um Nähe geben zu können. Auch hatte ich häufig gehört, daß viele Eltern das Wickeln und Füttern als lästige Notwendigkeit empfinden. Bei Emmi Pikler fand ich Lösungsangebote sowohl für das Distanz-Nähe-Problem als auch für die „lästige Pflege". Sie schlägt vor, die nun mal nötigen Pflegezeiten zum engen Kontakt und Austausch zwischen Pflegeperson und Kind zu nutzen, um im Anschluß daran „satt" zu sein und voneinander lassen zu können.

Es fiel mir nicht immer leicht, mehrmals täglich zu den Pflegezeiten (Stillen bzw. Füttern, Waschen, Wickeln) Platz allein für mich und Camilla zu reservieren. Und doch bin ich froh, daß es mir gelang, denn diese Stunden wurden die schönsten zwischen ihr und mir. Nur dadurch, daß niemand anderes im Zimmer war und auch keine anderen Verpflichtungen in dieser Zeit anfielen, war es mir möglich, ganz bei mir zu sein und offen für Camilla. Es sind so kleine und ungewöhnliche Kontaktaufnahmen gewesen, die ich unter anderen Bedingungen nicht hätte wahrnehmen können und Camilla somit übergangen hätte. Schon bald nach ihrer Geburt konnte ich zum Beispiel spüren, wie sie innehielt und sich ihr Tonus änderte, wenn ich ihren Arm anfaßte und sie bat, ihn mir zum Anziehen zu überlassen. Von Woche zu Woche wurde deutlicher, daß sie mein Vorhaben auf ihre Art verstand und zur Mitarbeit bereit war bis hin zum selbständigen Schieben ihres Armes in den Hemdärmel.

Und tatsächlich waren wir beide im Anschluß an diese intensiven, gemeinsamen Zeiten meist zufrieden und „satt" an Beziehung. Ich ging dann meiner Arbeit im Haushalt nach, während Camilla auf dem Boden in ihrem Zimmer „senso-motorischen Abenteuern" nachging.

Ihre Autonomie im senso-motorischen Bereich führte dazu, daß sie von Anfang an ihre Möglichkeiten und Grenzen sehr gut einschätzen konnte.

Später begann sie dann zum Beispiel die Treppe im Hausflur Kopf voran hinunter zu klettern. Sie war mit voller Aufmerksamkeit dabei, angstfrei und ohne unnötige Kraftanstrengung, an jedem Punkt der Bewegung volle Kontrolle über ihren Körper.

Auf dem Spielplatz brauchte ich, im Gegensatz zu anderen Eltern, nicht ständig Angst zu haben, daß mein Kind von der Leiter, der Rutsche oder dem Klettergerüst fällt. Sie tat nur das, wozu sie ohne Hilfe fähig war und überforderte sich nicht.

Camilla kam relativ spät zum freien Gehen. Doch als sie dann soweit war, gewann sie in kurzer Zeit erstaunliche Sicherheit und stand den Kindern, deren Eltern schon vor Monaten mit ihnen das Laufen „geübt" hatten, in keinster Weise nach. Das lehrte mich, daß alles, was dem freien Gehen vorausgeht, ihm dienlich ist. Und gerade für mich, die ich beruflich mit Bewegungslehre zu tun habe, war es äußerst spannend zu beobachten, mit welcher Vielfalt, Leichtigkeit, Wendigkeit und Freude Camilla sich aus sich heraus bewegte. Mittlerweile empfinde ich es als Anmaßung, wenn Erwachsene meinen, Kindern zeigen zu müssen, wie und wann sie sich zu bewegen haben.

Luzia ist drei Monate alt

Nach dem Stillen nahm ich Luzia noch ein Weilchen auf den Arm, um sie dann in ihr Bettchen für den Nachtschlaf zu legen. Zuvor machte sie einen sehr müden Eindruck. Als ich sie dann so auf meinem Arm hielt, fing sie an, allerhand verschiedene Töne von sich zu geben und fand Gefallen daran.

Sie war dabei so liebenswert, daß ich nicht umhin konnte, sie an mich zu drücken und zu küssen. Sie dagegen geriet dabei unter Spannung, drückte sich mit ihrem Ärmchen von mir weg und fing an zu quengeln.

Ich merkte, daß ich sie gestört hatte und unterließ meine Liebkosungen.

Daraufhin fuhr sie noch einige Minuten fort mit ihren Tönen, um sich dann mir zuzuwenden, den Daumen in den Mund zu stecken und einzuschlafen.

Luzia ist sieben Monate alt
Gestern waren Camilla, Luzia und ich beim Abschiedsfest der Kindergruppe.

Ich suchte einen etwas geschützten Platz für Luzia auf einer Decke am Boden. Ich legte sie dort mit zwei ihr bekannten Spielsachen hin und saß noch ein Weilchen bei ihr, bevor ich mich anderen Menschen zuwandte.

Bestimmt eine Stunde war sie dort sehr zufrieden, erst auf dem Rücken liegend, später rollte sie auch auf den Bauch, ein Zeichen dafür, daß sie sich sicher und wohl fühlt. Kinder spielten um sie herum, nahmen ab und zu Kontakt mit ihr auf, Erwachsene saßen auch in der Nähe.

Dann merkte ich, daß sie müde wurde und brachte sie deshalb in ein ruhiges Zimmer und legte sie in ihr Kinderwagenoberteil. Dort lag sie noch eine Weile wach für sich, um dann einzuschlafen.

Später schaute ich wieder nach ihr und fand sie wach und etwas weinerlich vor. Daraufhin fütterte ich sie. Um uns herum war es dabei recht unruhig, und es fiel uns beiden schwer, bei der Sache zu bleiben.

Anschließend legte ich Luzia wieder auf die Decke am Boden, wo sie nach kurzer Zeit Unmut äußerte. Ich setzte mich zu ihr, doch das stellte sie nicht zufrieden. Ich nahm sie auf den Arm, dann gab ich ihr Wasser zu trinken, dann legte ich sie in ihren Kinderwagen und stellte sie zu uns – all diese Versuche stellten sie nicht zufrieden, sie quengelte, hatte rote Backen und war unter Spannung. Also beschloß ich, nach Hause zu fahren. Unterwegs nuckelte sie viel. Kaum waren wir zu Hause angekommen, ließ die Spannung in ihrem Körper nach, sie schaute zufrieden um sich, lächelte mich an, und die Welt war wieder in Ordnung. Ganz deutlich hatte sie mir unterwegs gezeigt, daß sie genug hatte von fremder Umgebung und fremden Menschen.

Anna Dorothea Pottel-Teinert

Freundeskreis „Mit Kindern wachsen" e. V.

Immer mehr Menschen fühlen sich durch die Bücher von Dr. Emmi Pikler und Rebeca Wild unmittelbar angesprochen und möchten nun selbst eine Umgebung vorbereiten, in der Kinder ihren inneren Entwicklungsbedürfnissen gemäß heranwachsen können – zu Hause, im Kindergarten oder sogar in der Schule. Diesen Prozeß auf vielfältige Weise zu unterstützen, ist das wichtigste Ziel des Freundeskreises „Mit Kindern wachsen". Schwerpunkte unserer Aktivitäten sind:

- Die Veröffentlichung unserer regelmäßig erscheinenden Vereinszeitschrift „Mit Kindern wachsen" mit Artikeln von Rebeca und Mauricio Wild, Anna Tardos und anderen, Erfahrungsberichten, Terminen und vielen hilfreichen Informationen.

- Vorträge und Seminare mit Rebeca und Mauricio Wild und Anna Tardos sowie spezielle Fortbildungsveranstaltungen für Eltern, Erzieherinnen und Lehrer.

- Die finanzielle Unterstützung des Pikler-Institutes in Budapest und des „Pesta" in Ecuador.

- Lokale und überregionale Freundeskreistreffen zum Gedanken- und Erfahrungsaustausch sowie zur gegenseitigen Unterstützung.

Weitere Informationen und ein Probeheft unserer Zeitschrift schicken wir Ihnen auf Anfrage gerne zu (bitte Rückporto beilegen):

Freundeskreis „Mit Kindern wachsen" e. V.
Am Herrwald 6
D-79348 Freiamt

Menschenskinder

Christina Buchner
Kluge Kinder fallen nicht vom Himmel
Was Eltern alles tun können
Band 4573
Was zu welchem Zeitpunkt wichtig und richtig ist, zeigt Christina Buchner an vielen praktischen Beispielen, Tips und Übungen.

Christine Brasch
Der gute Ton für kleine Rüpel – und entnervte Eltern
Band 4458
Der tägliche Kampf um Bitte und Danke hat ein Ende: ganz konkrete und erprobte Hinweise zum Was und Wie des guten Benehmens.

Antje Friese/Hans-Jürgen Friese
Aufregen hilft nicht, Mama!
Wie Eltern die großen Probleme ihrer Kinder verstehen und helfen können
Band 4359
Gestörte Verhaltensweisen von Kindern sind oft ein Hinweis auf verborgene Probleme. Eltern sollten lernen diese zu erkennen und hilfreich darauf einzugehen.

Maria Montessori
Lernen ohne Druck
Schöpferisches Lernen in Familie und Schule
Band 4371
Ein Buch, das zeigt, wie Kinder selbst entscheiden und gut vorankommen können.

Sabine Bernau
Hilfen für den Zappelphilipp
Das Selbsthilfe-Elternbuch
Band 4368
Alle notwendigen Informationen zur Hyperaktivität. Erfahrungsberichte von Eltern und Tips zur Selbsthilfe.

HERDER / SPEKTRUM

Karin Neuschütz
Lieber spielen als fernsehen
Alternativen, die Kindern mehr Spaß machen
Band 4315

Wußten Sie, daß sich Kinder immer fürs Spielen statt Fernsehen
entscheiden würden? Vor allem, wenn auch mal die Eltern mitmachen.
Kreative Tips und Anregungen für Spiel- und Bastelstunden.

Maria Montessori
Kinder lernen schöpferisch
Die Grundgedanken für den Erziehungsalltag mit Kleinkindern
Band 4262

Vom Kind aus denken! Dieser Ansatz der genialen Pädagogin und
Begründerin der Montessori-Schule hilft Eltern, Kinder als eigenständige
Individuen zu fördern: Kreativ, neugierig und spielerisch leben sie sich
in die Welt ein.

Ingeborg Becker-Textor
Unser Kind soll in den Kindergarten
Ein neuer Schritt für Eltern und Kinder
Band 4219

Kindergarten – ein neuer Lebensabschnitt. Hoffnungen, Erwartungen,
Ängste. Praktische Tips für das Miteinander von Eltern, Kindern und
ErzieherInnen.

Armin Krenz
Seht doch, was ich alles kann
Was uns Kinder sagen wollen
Band 4209

Die Innenwelt des Kindes. Ein Buch, das die Vielfalt kindlicher Aus-
drucksformen lesbar macht und hilft, Fähigkeiten besser zu entfalten.

Uta Brückner/Heike Friauf
Ich freu mich auf die Schule
Was Eltern bei der Einschulung und für die Grundschulzeit
wissen müssen
Band 4472

Ein unentbehrliches Nachschlagewerk: praxisnah, konkret und detailliert.

HERDER / SPEKTRUM

Mit Kindern wachsen

Emmi Pikler
Friedliche Babys – zufriedene Mütter
Pädagogische Ratschläge einer Kinderärztin
Band 4141
Emmi Pikler warnt vor frühen Überforderungen: Ehrgeiz und Eile sind
nicht die rechten Methoden, um ein Kind gut aufwachsen zu lassen.
Nur wenn es seine Bedürfnisse entfaltet, kann das Kind zu einer harmo-
nischen Persönlichkeit reifen, nur wenn man es läßt, wird es weder
über- noch unterfordert. Das klassische Buch für eine unverkrampfte
Erziehung.

Chantal de Truchis
**Wie Ihr Baby Vertrauen gewinnt –
zu sich selbst und in die Welt**
Emmi-Pikler-Modell
Mit zahlreichen Abbildungen
Aus dem Französischen von Daniela Pichler-Bogner
160 Seiten, Klappenbroschur
ISBN 3-451-26282-7
Nicht die Eltern, sondern die kleinen Kinder selbst sind die eigentlichen
Experten ihrer Entwicklung und Entfaltung. Dies ist die Grundeinsicht
einer neuen, kindgerechten Erziehung, die sich mit dem großen Namen
Emmi Pikler verbindet. Glückliche und gelassene Eltern und zufrie-
dene, selbstsichere Kinder – Man staunt, mit welcher Kompetenz und
Souveränität, Neugierde, unermüdlichen Ausdauer und mit welchem
Spaß sie sich dann selbst, jeweils im rechten Augenblick, alles spiele-
risch „erarbeiten", was ihrem inneren Entwicklungsstand entspricht.
Ein Standardwerk für Eltern: gut aufgebaut, mit Abbildungen, klar und
informativ.

Herder